Gobaith ni chywilyddia.

Morgan Llwyd

Os ydym yn credu fod gan un genedl hawl i fod yn annibynnol, ni a ddylem gredu fod gan bob cenedl hawl i fod yn annibynnol.

Emrys ap Iwan

Y mae cenedl, wedi'r cwbl, yn fwy ac yn bwysicach na'r hynotaf o'i dynion mawr.

R. T. Jenkins

Cynnwys

Lluniau

Rhagair

Fel arfer, byddaf yn llunio'r sylwadau hyn ar 16 Medi, sef Gŵyl Owain Glyndŵr, bob blwyddyn. Am resymau amlwg, gohiriais y gorchwyl eleni am dridiau er mwyn gallu teimlo curiad calon y genedl fach ddirmygedig hon. Rhwng cyfnos a gwawr 18-19 Medi buom yn dyst i'r digwyddiad gwleidyddol mwyaf dramatig a throbwyntiol yn hanes Cymru ers y Deddfau Uno. Yr wythnos flaenorol, ar 11 Medi, cafwyd canlyniad ysgubol o blaid Senedd i'r Alban, buddugoliaeth a grisialwyd ym mhennawd y *Scotsman*: 'A nation again.' Er gwanned y mesur o ddatganoli a gymeradwywyd o drwch blewyn gan y Cymry ar 18 Medi, y mae'r ffaith mai'r bleidlais 'Ie' a orfu yn wyrth ynddo'i hun. Ystyriwch yr elfennau a oedd yn milwrio yn erbyn pleidlais gadarnhaol o blaid datganoli. Prin ugain mlynedd yn ôl, cyn yr hirlwm Thatcheraidd, am bob un a bleidleisiodd o blaid datganoli ar Ddygwyl Dewi 1979 yr oedd pedwar yn erbyn. Dull sy'n ennyn ymateb negyddol yw pob refferendwm ac, er mawr gywilydd iddynt, rhoes y cyfryngau torfol ym 1997 fel ym 1979 bob cyhoeddusrwydd i'r rhagfarnau gwyrgam a'r bwganod hyll a leisiwyd gan y diweledigaeth rai. Ar drothwy'r refferendwm cryfhawyd (dros dro, beth bynnag) undod bregus y Deyrnas Gyfunol yn sgil marwolaeth annhymig y Dywysoges Diana, gan greu'r posibilrwydd eironig mai cymynrodd olaf Tywysoges Cymru a wnaeth gymaint i danseilio grym a hygrededd y sefydliad brenhinol fyddai clymu ei phobl yn dynnach nag erioed o'r blaen wrth ffedog Prydeindod. O gofio'r ffaith fod cynifer â thraean y pleidleiswyr wedi eu geni y tu allan i Gymru, i ba raddau y gellid dweud y byddai tynged y Cymry yn eu dwylo eu hunain? Ond, fel y gwyddom erbyn hyn, ein siomi ar yr ochr orau a gawsom, a diau y bydd haneswyr y dyfodol yn ystyried 18 Medi 1997 yn drobwynt seicolegol o'r pwys mwyaf. Y dasg yn awr fydd ceisio tawelu ofnau'r gwrthwynebwyr a'u perswadio i'n cynorthwyo i adeiladu ein dyfodol cenedlaethol ac i ymdeimlo â geiriau Waldo: 'Ynof mae Cymru'n un. Y modd nis gwn.' Byddai'n dda gennym gredu mai un cam bychan ar y ffordd hir a throfaus at Senedd gyflawn yw hwn ac y byddwn, drwy ysgwyddo'r cyfrifoldeb o bennu ein tynged ein hunain, yn aeddfedu fel pobl ac fel cenedl. Credai Thomas Jefferson na ellid gweithredu democratiaeth lawn oni fyddai'r bobl wedi eu llwyr addysgu, ac un ffordd o sicrhau hynny yw llenwi'r Cynulliad arfaethedig â phobl ddoeth, egnïol a brwdfrydig a fydd yn gweithredu mewn modd cyfrifol ac adeiladol. Ymlaen â ni yn hyderus at y Milflwyddiant.

Prin y byddai'r rhifyn hyn wedi ei gwblhau yn brydlon oni bai i'm cynorthwywyr rhadlon arferol—Dewi Morris Jones, Glenys Howells, Aeres Bowen Davies, Siân Evans a Dyfed Elis-Gruffydd—roi mor hael o'u hamser a'u profiad. Diolchaf yn gynnes iawn iddynt oll. Rhaid diolch hefyd i argraffwyr campus Gwasg Gomer am eu gwaith gofalus a glân.

19 Medi 1997   *Geraint H. Jenkins*

Y Cyfranwyr

Dr MEREDYDD EVANS, cyn Uwch-ddarlithydd, Adran Efrydiau Allanol, Prifysgol Cymru, Caerdydd.

Dr A. CYNFAEL LAKE, Darlithydd, Adran y Gymraeg, Prifysgol Cymru, Abertawe.

Dr DYLAN PHILLIPS, Cymrawd Ymchwil, Canolfan Uwchefrydiau Cymreig a Cheltaidd Prifysgol Cymru.

Mr EMYR PRICE, Newyddiadurwr ac Ymchwilydd, HTV, Caerdydd.

Dr HUW GLYN WILLIAMS, Darlithydd, Ysgol Cymdeithaseg a Pholisi Cymdeithasol, Prifysgol Cymru, Bangor.

Yr Athro Emeritws J. E. CAERWYN WILLIAMS, Golygydd Ymgynghorol Mygedol, Canolfan Uwchefrydiau Cymreig a Cheltaidd Prifysgol Cymru.

Dymuna'r golygydd a'r cyhoeddwyr ddiolch i'r canlynol am ganiatâd i atgynhyrchu'r lluniau hyn:

Amgueddfa Werin Cymru: Rhifau 8, 10, 11.
Canolfan Uwchefrydiau Cymreig a Cheltaidd Prifysgol Cymru: Rhif 19.
Cyngor Celfyddydau Cymru: Rhif 31.
Cymdeithas yr Iaith Gymraeg: Rhifau 32, 33, 34, 35.
Grŵp Longman: Rhif 5.
Keith Morris: wyneb-lun.
Llyfrgell Genedlaethol Cymru: Rhifau 1, 2, 3, 4, 6, 7, 9, 13, 14, 15, 16, 17, 18, 20, 21, 22, 23, 24, 25, 26, 27, 28, 29, 30.
Llyfrgell Genedlaethol Iwerddon: Rhif 12.
Marian Delyth: Rhif 36.

CENEDLAETHOLDEB HANESWYR CYMRU GYNNAR RHYDYCHEN

J. E. Caerwyn Williams

Y mae arnaf awydd eich dysgu, os ydych yn barod i wrando arnaf fel cynt.

Owen M. Edwards

Yr enw a ddaw i feddwl y darllenydd wrth weld y teitl sydd braidd yn drwsgl ar yr ysgrif hon, onid wyf yn camgymryd yn arw, yw Owen Morgan neu, fel y daethom i'w adnabod, O. M. Edwards. Y mae ei enw ef, yn anad enw neb arall, yn gysylltiedig â Rhydychen a chenedlaetholdeb Cymreig. Yn wir, honnwyd mai Rhydychen a'i gwnaeth yn genedlatholwr gan mai hi a agorodd ei lygaid i weld gogoniant Llanuwchllyn a Chymru. Yn ôl ei gofiannydd W. J. Gruffydd:

Bu'n byw yng nghanol ei fro, yn wlad ac yn bobl, am fwy nag ugain mlynedd, ond pan adawodd hwy a mynd i Rydychen y gwelodd Lanuwchllyn: gwelodd hi fel y gwêl rhai dynion anghyffredin ffeithiau mawr eu bod, mewn fflachiad clir a sydyn o ddealltwriaeth, gwelodd y Llan fel pentref, gwelodd hi fel arwydd o holl werin Cymru. Pobl Llanuwchllyn, tir Llanuwchllyn, hanes Llanuwchllyn, dyma Gymru.

Ni allodd Rhydychen dynnu Llanuwchllyn a Chymru o galon O.M., ond newidiodd ei ffordd o edrych arnynt. Os oedd ef, fel y pwysleisiodd W. J. Gruffydd, yn ddyn y bedwaredd ganrif ar bymtheg, nid oedd yn llai na dyn pedwaredd ganrif ar bymtheg Cymru, neu ddyn pedwaredd ganrif ar bymtheg Rhydychen hyd yr oedd hynny'n bosibl, oherwydd yn rhannol y medrodd O.M. ymuniaethu â bywyd meddyliol Rhydychen i gyd fel mai yn rhannol y medrodd ymuniaethu â bywyd meddyliol Cymru i gyd, ond digwyddodd ei fod yn cynrychioli'r rhan helaethaf o fywyd meddyliol Cymru a'i fod wedi medru cymathu â honno ran helaeth, ond nid y rhan helaethaf, o fywyd meddyliol Rhydychen. Mewn geiriau eraill, nid pawb yn Rhydychen a fyddai'n barod i dderbyn y safonau y barnai ef ei gyd-Gymry wrthynt. Ceir ef yn sôn fwy nag unwaith am ddau syniad o foesoldeb—ar y naill law 'y syniad Groegaidd', y syniad y 'dylai dyn wneyd ei hun yn gartrefol yn y byd prydferth hwn, a sugno cymaint o

1 Syr O. M. Edwards (1858-1920), golygydd y cylchgrawn *Cymru*.

fwyniant o hono ag sydd bosibl cyn diflannu i'r cysgodion tywyll', ac ar y llaw arall, syniad y Dwyreiniwr a'r Hebrëwr 'fod dyn yn byw bob amser yng ngŵydd y Duw tragwyddol ac y dylai buro ei holl serchiadau a sancteiddio ei holl nwydau, i fwynhau cymdeithas Un sy'n bur fel y goleuni ac yn llym fel tân ysol'. Afraid dweud bod rhai yn Rhydychen a gofleidiai'r syniad Groegaidd, ac nid oedd rhaid cofleidio hwnnw i beidio â chytuno â'r syniad Hebreig. A gellid gwrthod y ddau safbwynt, ac eto bod yn feirniadol o Gymru a'i phobl. Ond y syniad Hebreig oedd y syniad a lywodraethai ymhlith y Cymry, ac yn y syniad hwnnw yr oedd O.M. wedi ei feithrin. Nid yw'n rhyfedd ei fod yn mawrygu ei genedl. Meddai, yn *Er Mwyn Cymru*:

> Yn unigedd fy myfyrdod byddaf yn llawenhau wrth feddwl am werin Cymru, ac yn diolch i Dduw amdani— am ei ffyddlondeb a'i gonestrwydd, am ei hawydd i wneud yr hyn sy'n iawn, am ei chariad at feddwl, am gywirdeb ei barn, am dynerwch ei theimlad a chadernid ei phenderfyniad. Teimlaf yn fwyfwy bob dydd mai cenedl iach yw ein gwerin ni.

Fel y dywedwyd eisoes, y mae'n sicr fod yn Rhydychen, fel yn Lloegr, bobl a fyddai'n barod i anghytuno ag O.M. yn ei farn am Gymru, ac eto anodd credu nad oedd yn y ddau le bobl a fyddai'n cytuno. A hawdd yw maentumio mai yng nghwrs ei yrfa academig yn Rhydychen a chyn hynny yn Aberystwyth y daeth O.M. i synio am 'enaid' Cymru. 'Y mae', meddai'n bendant, 'i Gymru enaid, ei henaid ei hun. A gall golli hwnnw.' I beidio â cholli ei henaid, rhaid oedd i Gymru gadw ei hiaith a chadw ar gof ei hanes. Yn y rhagymadrodd i'r gyfrol gyntaf o'r cylchgrawn *Cymru*, dywedodd:

> Yr wyf yn credu nad oes dim [a] gryfha gymaint ar gymeriad Cymro â gwybod hanes ei wlad ei hun; yr wyf yn credu nad oes gystal moddion addysg i Gymro â'i

lenyddiaeth ei hun; yr wyf yn credu mai trwy gadw ei Gymreigdod y bydd Cymro gryfaf, a pharotaf i wneud daioni, a mwyaf llwyddiannus, a dedwyddaf, ac agosaf at Dduw.

Un o brif amcanion y cylchgrawn *Cymru*, fel y dywedodd O.M. yn y rhifyn cyntaf (Awst, 1891), oedd 'dweyd hanes y Cymry'. Dyna un o amcanion *Cymru'r Plant* yntau:

Y mae arnaf awydd eich dysgu, os ydych yn barod i wrando arnaf fel cynt. Llawer o bethau sydd gennyf i'w dysgu i chwi, ac i'w dysgu fy hun wrth eu hadrodd i chwi.

Nid oes amheuaeth, felly, am genedlaetholdeb O.M. fel hanesydd, ond ai teg sôn amdano gyda haneswyr eraill fel un o haneswyr *Cymru Gynnar* Rhydychen? Fel hyn yr ysgrifennodd yn *Er Mwyn Cymru*:

Pryd, tybed, y blina ein haneswyr ar ogofau gweigion yr oesoedd tywyll ac ar ryfeloedd diffrwyth yr oesoedd canol? Pryd y gadawant fân gwerylon yr hen dywysogion ac achau anorffen eu beirdd, ac y troant eu sylw at adeg y mae gwaed bywyd dynoliaeth i'w glywed yn curo ynddo?

Ac onid cyfraniad arbennig O.M. i hanesyddiaeth Cymru, fel y pwysleisiodd mwy nag un awdurdod, oedd troi ein sylw oddi wrth y cyfnod hyd 1282 at y cyfnodau diweddarach, ac yn enwedig at y cyfnodau diweddaraf oll? Onid ef a ddywedodd hyn am *Gofiant* y Parchedig John Jones, Tal-y-sarn?

Efe yw'r hanes Cymru goreu sydd wedi ei ysgrifennu eto, yn yr agwedd honno ar hanes sy'n apelio at y meddwl Cymreig. Y mae'r llyfr hwn yn llyfrgell ac yn oriel ddarluniau ynddo ei hun. Gellir troi iddo ddydd ar ôl dydd, a chael ynddo drysorau na heneiddiant ond a ddaliant i ddisgleirio o hyd.

Mewn erthygl ar 'Hanesyddiaeth Gymreig yn yr ugeinfed ganrif' a gyhoeddwyd yn *Nhrafodion Anrhydeddus Gymdeithas y Cymmrodorion* ym 1955, erthygl yr wyf yn ddyledus iawn iddi, tynnodd yr Athro J. Goronwy Edwards, ail lywydd Cymdeithas Dafydd ap Gwilym, ein sylw at ddeffroad y diddordeb yn hanes Cymru a ddigwyddodd oddeutu diwedd y bedwaredd ganrif ar bymtheg a dechrau'r ugeinfed ganrif, a chyfeiriodd yn arbennig at gyhoeddi dau lyfr ar hanes Cymru, sef *The Welsh People* gan Syr John Rhŷs a Syr David Brynmor Jones ym 1900 a *Wales* gan O. M. Edwards ym 1901. Y mae'n werth dyfynnu rhai o'i eiriau:

> O'r ddau, y mae llyfr Owen Edwards yn fwy arwyddocaol i'n pwrpas ni. Yn y llyfr hwn . . . rhoddwyd 189 tudalen i'r cyfnod cyn 1282 a 215 tudalen i'r cyfnod dilynol: hynny ydyw, rhoddwyd mwy o bwyslais ar y canrifoedd ar ôl cwymp Llywelyn nag ar y canrifoedd cynt. Hefyd, amlinellwyd yr hanes yn ddifwlch o'r dechrau i'r diwedd. Yn *The Welsh People*, ar y llaw arall, yr oedd y pwyslais yn aros ar yr hanes cyn 1282, ac yn y gweddill o'r llyfr, wedi 1282, nid amlinellu'r hanes yn ddifwlch a gynigiwyd, ond yn hytrach traethu ar agweddau detholedig. Cofier nad cyferbynnu a chymharu yr ydym yn awr ragoriaethau'r ddau lyfr: o fewn ei derfynau yr oedd *The Welsh People* yn ddyfnach ei ddysg ac yn amlach ei fanylion na llyfr Owen Edwards, ond am y rhesymau a nodais, credaf fod llyfr Owen Edwards yn fwy arwyddocaol yn natblygiad hanesyddiaeth Gymreig.

Nid yw'r Athro Goronwy Edwards yn sôn am yr ymdeimlad o genedlaetholdeb sy'n anadlu drwy'r ddwy gyfrol. Fel y gellid disgwyl, ni allai Owen Edwards gyfyngu ei genedlaetholdeb fel hanesydd i'w ymdriniaeth o'r cyfnodau ar ôl 1282. Wedi'r cwbl, hanes yr un genedl yr oedd yn ei adrodd. Hyd yn oed wrth drin hanes y wlad cyn dyfodiad y Rhufeiniaid yr oedd yng Nghymru, yn ei dyb ef, gnewyllyn cenedl. Ar ôl sôn am y Decangi yng Ngwynedd neu Eryri, am yr Ordovices ym Mhowys neu'r Berwyn, am y Demetae yn Nyfed a Cheredigion neu'r Pumlumon, a'r Silures ym Morgannwg a Gwent neu'r Mynydd Du, â rhagddo i ddweud: 'But, of whatever race they were, it is clear that each of four districts of mountains—Snowdon, the Berwyn, Plinlumon and the Black Mountains—had a nation in course of formation within it.' Ar ôl ymadawiad y Rhufeiniaid cawn gipolwg ar Faelgwn Gwynedd 'vigorously restoring the unity of the western province', a chipolwg ar Ruffudd ap Cynan, Maredudd ap Bleddyn, a Gruffudd ap Rhys yn llywodraethu Gwynedd, Powys a Deheubarth yn wahanredol, hynny yw, gyda'i gilydd yn llywodraethu Cymru gyfan, fwy neu lai. Y mae ei ganmoliaeth i Owain Gwynedd a Rhys ap Gruffudd yn ddibrin, ond i Lywelyn Fawr y rhoddir y clod mwyaf:

> Death hid from Llywelyn the Great the hopelessness of his plans. No greater policy had been formed by any Welsh prince: none had been followed more consistently or more energetically. But it was the grandeur of his own personality that gave its success a semblance of possibility . . .

> The saddest fact in the story of Wales is the disappearance of the ideal of her greatest prince . . .

> Everything that is mean or brutal or dishonourable in later Welsh history is made doubly sordid by contrast with the grandeur of Llywelyn's reign . . .

Efallai nad yw'r ysbryd y tu ôl i *The Welsh People* lawn mor syml a chenedlaethol â'r ysbryd y tu ôl i *Wales*, ond ni ellir dweud nad oedd yn genedlaethol. Prin y gallai beidio â bod. Un o'r awduron oedd yr ysgolhaig Celtaidd mawr Syr John Rhŷs. Y llall oedd Syr David Brynmor Jones, bargyfreithiwr a aned yn Llundain ond a fu'n gysylltiedig iawn â Chymru yn rhinwedd ei swyddi fel Aelod Seneddol dros Abertawe 1897–1917, Cofiadur Merthyr Tudful (1910), Cofiadur

2 Syr John Rhŷs (1840-1915), cyd-awdur *The Welsh People* (1900).

3 Syr David Brynmor Jones (1852-1921), cyd-awdur *The Welsh People* (1900).

Caerdydd (1914), aelod o'r Comisiwn ar y Tir yng Nghymru (1893) a'r Comisiwn ar yr Eglwys yng Nghymru (1907).

Beth bynnag arall y gellir ei ddweud am y ddau awdur, rhaid dweud nad oeddynt yn ail i O. M. Edwards yn eu gwerthfawrogiad o rinweddau arbennig y werin a glodforai ef:

> In 1730 the Welsh-speaking people were probably as a whole the least religious and most intellectually backward in England and Wales. By 1830 they had become the most earnest and religious people in the whole kingdom.

> In the highly strung and sensitive natives it [the Methodist Revival] produced a saintly type equal to any afforded by the literature or tradition of the Church . . . It developed intellectual powers which may have before existed, but which were only imperfectly utilised. It turned the attention of men to the art of oratory and to the capabilities of language . . . lastly, it improved the general moral tone of the people, though it made them, when its results were quite fresh, take a somewhat one-sided view of life and culture.

Byddai'n ddiddorol gwybod pa un o'r ddau awdur a oedd yn gyfrifol am ysgrifennu'r brawddegau hyn. Ymddengys mai yn hanes cyfraith Cymru yr oedd prif ddiddordeb Syr Brynmor Jones, ond rhaid ei fod wedi rhoi sêl ei fendith ar frawddegau fel y rhain, a'i fod ef a Syr John Rhŷs yn rhannu golygwedd O.M. ar fywyd y werin er nad oeddynt, efallai, mor frwdfrydig ag ef. Ni ellir, y mae'n debyg, gyhuddo O.M. o daflunio'r olygwedd honno'n ôl ar y werin Gymraeg cyn y Diwygiad Methodistaidd. Cofier ei eiriau ar y cysgadrwydd Hanoferaidd a syrthiodd ar y wlad yn y ddeunawfed ganrif, yn enwedig ar yr Eglwys:

> One does not know whom to despise most—the English bishop who divided the revenues of his bishopric into two unequal parts, giving the larger half to members of

his own family and the smaller half to the rest of the clergy of his diocese; or the Welsh clergyman who divided his time, except the time he was forced to be in church, between the pot house and Welsh poetry, always artistic, and generally decent; or the English Government which tried to transfer the revenue of a whole Welsh diocese to a prosperous and wealthy English town.

Rhydd *The Welsh People* fwy o sylw i hanes Cymru cyn 1282: yn wir, fel y dywedwyd, fe baid â bod yn hanes ar ôl y dyddiad hwnnw; bodlona ar drin gwahanol bynciau. O ran hynny, y duedd hyd yn oed am y cyfnod cynt yw trin pynciau yn hytrach na bod yn hanes. Er enghraifft, y mae'r bennod gyntaf yn delio â 'The Ethnology of Ancient Wales', yr ail â 'The Pictish Question', y drydedd â 'Roman Britain'. Wedyn yn y bedwaredd deuwn at 'Early History of the Cymry', yn y bumed at 'History of Wales from Cadwaladr to the Norman Conquest', yn y chweched at 'The Ancient Laws and Customs of Wales', ac yn y seithfed at 'History of Wales from 1066 to 1282'. Ond diddorol yw sylwi bod brawddeg gyntaf y rhagymadrodd yn sôn am 'the Dominion or Principality of Wales', bod cyfeiriad at Cunedda fel 'the earliest ruler of the Cymry and of Cymru of whom there is distinct evidence', a bod gwerthfawrogiad llawn cymaint o gyflawniadau Llywelyn Fawr ag sydd ohonynt yn *Wales*:

> There can, however, be no doubt that the latter [Llywelyn the Great] was the most brilliant and capable ruler the Cymry produced after the time of Gruffydd ab Llewelyn or Hywel Dda—perhaps, indeed, the ablest of all the line of Cunedda.

Nid wyf yn dyfynnu o *The Welsh People*, ddim mwy nag o *Wales*, am unrhyw werth ffeithiol a drosglwydda'r dyfyniadau, ond yn hytrach er mwyn dangos bod yr awduron dan bwysau ffeithiau neu'r hyn y tybient hwy eu bod yn ffeithiau, yn olrhain hanes Cymru yn y fath fodd ag i gyfleu'r syniad fod ei phobl o dan olyniaeth o lywodraethwyr wedi ymdeimlo'n bur gynnar eu bod yn bobl arbennig, yn bobl ar wahân, yn wir, yn genedl ac iddi ei hanes, ei chyfreithiau, ei hiaith a'i llenyddiaeth ei hun, neu, os mynnwch ei roi mewn geiriau gwahanol, er mwyn dangos y gallwn briodoli cenedlaetholdeb nid yn unig i'r Cymry o'r cyfnod diweddar ymlaen eithr hefyd o gyfnod cynnar iawn. A rhag i neb fy nghyhuddo o ddibynnu ar ddyfyniadau prin, brysiaf i ychwanegu y gellid cynnwys llawer iawn mwy o ddyfyniadau i'r un perwyl o'r un ffynonellau.

Ond gellir dychmygu rhywun yn dadlau ymhellach mai triwyr anghynrychioliadol fel haneswyr Cymru Gynnar yw O. M. Edwards, awdur *Wales*, a John Rhŷs a D. Brynmor Jones, awduron *The Welsh People*. Beth bynnag oedd gwerth y ddau lyfr hyn adeg eu cyhoeddi—ac nid oes neb a wad fod iddynt werth arbennig yr adeg honno—y maent bellach wedi eu disodli. Beth am y llyfr a'u disodlodd? Nid oes lle i ddadlau pa lyfr oedd hwnnw, sef dwy gyfrol orchestol John Edward Lloyd, *The History of Wales from the earliest times to the Edwardian Conquest*, 1911.

Hawdd yw cyhuddo O. M. Edwards o fod yn genedlaetholwr. Nid mor hawdd cyhuddo J. E. Lloyd. Na, nid hawdd o gwbl ar yr olwg gyntaf. Ond atolwg, chwedl ein teidiau! Efallai fod y ffaith ddarfod i Saunders Lewis ddewis marwnadu J. E. Lloyd mewn cerdd fawreddog, drymlwythog o gyfeiriadau clasurol yn awgrymog. Fel y cofir, y mae'r ddau bennill cyntaf yn dweud wrthym ddarfod i Eneas fynd gyda'r Sibil:

> i wlad
> Dis a'r cysgodion

yno, i weled

> hen arwyr Tro, hynafiaid Rhufain,
> Deiffobos dan ei glwyfau, drudion daear,

ac yno i gael ei hebrwng

> Nes dyfod lle'r oedd croesffordd, lle'r oedd clwyd,
> A golchi wyneb, traddodi'r gangen aur,
> Ac agor dôl a llwyni'n
> Hyfryd dan sêr ac awyr borffor glir,
> Lle y gorffwysai mewn gweirgloddiau ir
> Dardan ac Ilos a'r meirwon diallwynin.

Yn y chwe phennill sy'n dilyn, disgrifia'r bardd fel yr aeth yntau fel Eneas:

> Minnau, un hwyr, yn llaw hen ddewin Bangor
> Euthum i lawr i'r afon, mentro'r cwch,
> Gadael beiston yr heddiw lle nad oes angor . . .

Yng nghwmni J. E. Lloyd, 'hen ddewin Bangor', caiff y bardd weld Rhufeiniaid yng Nghymru, yna ddechreuad Cristnogaeth yno, undeb Byd Cred dan ddylanwad y traddodiad clasurol a Christnogaeth, ac wedyn yn y chweched caniad, try at ei arweinydd a holi am linach Cunedda y mae rhan Sisiffos yn rhan iddynt hwythau yn ogymaint â'u bod wedi eu condemnio:

> i boen Sisiffos yn y byd,
> I wthio o oes i oes drwy flynyddoedd fil
> Genedl garreg i ben bryn Rhyddid, a'r pryd –
> O linach chwerw Cunedda, –
> Y gwelir copa'r bryn, drwy frad neu drais
> Teflir y graig i'r pant a methu'r cais,
> A chwardd Adar y Pwll ar eu hing diwedda'; . . .

Yn wahanol i banorama y rhai a ddisgrifir yn yr *Aeneid*, panorama y rhai a fethodd yn eu hymdrech i ennill rhyddid i Gymru sydd gan y bardd, panorama methiant ar ôl methiant hyd at fethiant Llywelyn ap Gruffudd, y Llyw Olaf, ym 1282, y Llyw y torrwyd ei ben:

A dacw ben ar bicell, a rhawn meirch
Yn llusgo yn llwch Amwythig y tu ôl i'w seirch
Gorff anafus yr ola' eiddila' o'i lin.

Erbyn diwedd y gerdd cymherir y Dewin o Fangor nid â'r
Sibil ond â Fferyll, a fu hefyd yn arweinydd i Dante, ond yn
lle ateb cwestiwn y bardd a ydyw'n gweld unrhyw obaith i
olynwyr Cunedda ac yn enwedig unrhyw obaith am barhad
yr iaith Gymraeg, y mae'r dewin yn diflannu:

Ond ef, lusernwr y canrifoedd coll,
Nid oedd ef yno mwy, na'i lamp na'i air.

Y casgliad y disgwylir i ni ei dynnu, y mae'n siŵr, yw mai
oherwydd iddynt weld y canrifoedd coll dan olau'r dewin o
Fangor, y mae rhai'n byw heddiw sy'n mynnu, fel yr arwyr
gynt, ymdrechu dros annibyniaeth i Gymru a thros oroesiad
yr iaith. Mewn geiriau eraill, naill ai wrth ei ddymuniad neu
ynteu yn groes i'w ddymuniad, dan oleuni llusernwr y
canrifoedd coll y mae cenedlaetholwyr Cymreig heddiw yn
gweld eu hynafiaid a fu'n brwydro dros annibyniaeth yn y
canrifoedd coll. Hynny yw, y mae cenedlaetholwyr heddiw
dan ddyled i'r dewin o Fangor, i J. E. Lloyd. Ond a ydyw'r
ddyled yn ddyled wirioneddol? Pa faint o genedlaetholwr
oedd J. E. Lloyd?

Yr oedd Syr J. E. Lloyd yn dal yn fyw pan euthum i Goleg
Prifysgol Cymru, Bangor, fel myfyriwr ac wedyn fel
darlithydd, ac yr oedd yn fawr ei barch nid yn unig yn
rhinwedd ei ysgolheictod dihafal eithr hefyd yn rhinwedd ei
bersonoliaeth urddasol. Fel y clywais y Llyfrgellydd, Dr
Thomas Richards (Doc Tom), yn dweud, yr oedd i Lloyd
foneddigeiddrwydd cynhenid heb rithyn o daeogrwydd.
Synnais glywed pan fu farw ei fod wedi cychwyn ar ei yrfa
yng Ngholeg Aberystwyth fel ymgeisydd am y weinidogaeth
gyda'r Annibynwyr, ei fod wedi bod yn Annibynnwr selog
drwy gydol ei oes, a'i fod hyd yn oed wedi ei ddyrchafu yn
Llywydd yr Undeb ym 1934–5, a bod hynny wedi rhoi cryn

foddhad iddo. Gyda llaw, ymhlith ei gyhoeddiadau ceir *Trem ar Hanes yr Annibynwyr yng Nghymru*, a gyhoeddwyd ym 1909.

Mwy syndod fyth oedd deall ymhen y rhawg ei fod, tra oedd yn Rhydychen, ac yn ôl pob tebyg cyn hynny tra oedd yn Aberystwyth, yn genedlaetholwr pybyr. Yn ôl E. Morgan Humphreys yn *Gwŷr Enwog Gynt*, J. E. Lloyd a enynnodd yn John Arthur Price, y cyfreithiwr a'r newyddiadurwr, 'y fflam o wladgarwch a fu'n llosgi [yn ei fynwes] hyd ei fedd':

> 'It was from Professor Lloyd,' meddai John Arthur Price, yn yr atgofion a ysgrifennodd i'r Genedl flynyddoedd yn ôl, 'while he was under the spell of Welsh Liverpool, that I learned my first lesson in modern Welsh Nationalism, as we took many a walk together in the country roads round Oxford, and passed scenes immortalized by Newman and Matthew Arnold in modern times . . . Lloyd explained to me that Welsh nationalism was not a memory of the ages that were past but a real power in the hearts of modern Welshmen. And from him I learned that Welsh Nonconformists were really interested in the past of Wales and proud of it.'

Yn yr un atgofion disgrifiodd John Arthur Price sut yr aeth ef i gyfarfod yn Fetter Lane, Llundain, lle'r oedd T. J. Evans, Ifor Bowen, Philip Williams a D. Lleufer Thomas 'of Cymru Fydd', a sut y gadawodd y cyfarfod 'a convinced Welsh Home Ruler'.

Fel y crybwyllwyd eisoes, bu J. E. Lloyd yn fyfyriwr yn Aberystwyth cyn mynd i Rydychen lle'r enillodd anrhydedd yn y dosbarth cyntaf yn 'classical moderations' (1883) a Hanes Diweddar (1885). O Rydychen aeth yn ôl i Aberystwyth fel darlithydd yn Hanes, ond yr oedd i ddarlithio hefyd ar Gymraeg, ac ar ôl bod yno am saith mlynedd aeth i Fangor yn gofrestrydd a darlithydd yn Hanes Cymru. Parhaodd yn gofrestrydd hyd 1919 ond yr oedd wedi ei benodi yn Athro Hanes ym 1899 a pharhaodd yn y swydd honno hyd ei ymddeoliad ym 1930.

Nid wyf yn gwybod pa bwys sydd i'w roi ar 'under the spell of Welsh Liverpool' John Arthur Price. Haws fyddai gennyf gredu mai 'under the spell of Aberystwyth College' yr oedd Lloyd. Yr oedd wedi gadael Rhydychen cyn sefydlu Cymdeithas Dafydd ap Gwilym (1886) ac yn Aberystwyth yr oedd pan sefydlwyd *Cymru Fydd* gan y Cymry yn Llundain yn yr un flwyddyn (1886), mudiad y cymerodd ef ran flaenllaw ynddo ochr yn ochr ag O. M. Edwards a T. E. Ellis. Flwyddyn cyn hynny, ym 1885, sefydlwyd *The Society for Utilizing of the Welsh Language.* Yn yr erthygl ar 'Gymdeithas yr Iaith Gymraeg' a ysgrifennodd i'r *Llenor* ym 1931, dywedodd J. E. Lloyd ei fod yn ddigon hen i gofio sefydlu'r gymdeithas honno, ac i gofio sefydlu'r gymdeithas a'i disodlodd ym 1900, sef 'The Welsh Language Society', 'gan fwrw ymaith yr hen deitl cwmpasog ac arddel ei hun yn groyw yn Saesneg yr hyn a oedd er y dechrau yn Gymraeg', sef 'Cymdeithas yr Iaith Gymraeg'. Dengys mai'r hyn a symbylodd sefydlu'r gymdeithas gyntaf oedd sylweddoli 'ynfydrwydd y drefn a roddai'r un addysg yn union, yn yr un iaith, i blant Lleyn ac i blant Norffolc. Yr oedd y peth mor groes i bob egwyddor a gydnabyddid ym myd hyfforddi . . .' Dan nawdd y gymdeithas gyntaf y cyhoeddodd J. E. Lloyd ei *Llyfr Cyntaf Hanes* ym 1893, ei *Ail Lyfr Hanes* ym 1896 a'i *Trydydd Llyfr Hanes* ym 1900. Am ei *Llyfr Cyntaf Hanes,* dywed yr awdur:

Dyma'r tro cyntaf i mi geisio gosod gerbron fy nghyd-genedl dipyn o hanes Cymru ar lyfr, sef trem ar yr oesau o Hen Oes y Cerrig hyd ymadawiad y Rhufeinwyr. Ond ail beth, mewn gwirionedd, oedd cynnwys y llyfr; ei brif amcan oedd rhoi yn llaw'r plentyn lyfr darllen dwyieithog, gyda'r Gymraeg a'r Saesneg wyneb yn wyneb, a'r cwbl, wrth gwrs, yn foddion i ddysgu Saesneg. Nid oedd arweinwyr y Gymdeithas eto wedi

4 'Hen ddewin Bangor': Syr John Edward Lloyd (1861-1947)
gan Evan Walters.

sylweddoli mai'r 'drefn uniongyrchol' ('direct method') oedd y drefn naturiol i ddysgu iaith estronol . . .

ac ychwanega: 'Y mae'n rhydd i mi dybied fod mwy o werth yn yr hanes, nag yn y cynllun addysgol.'

Â J. E. Lloyd rhagddo i ddweud mai Defynnog (David James o Dreherbert), ysgrifennydd Cymdeithas yr Iaith Gymraeg am ugain mlynedd (1902–?1922), oedd Cymdeithas yr Iaith Gymraeg am flynyddoedd maith; bodlonai'r swyddogion eraill iddo lywio'r llong fel y mynnai, gan gymaint eu hymddiriedaeth yn ei farn. A rhodd bennaf Defynnog i'r achos, meddai ef, oedd Yr Ysgol Haf a gynhaliodd y Gymdeithas yn flynyddol o 1903 ymlaen: yr oedd yn fyw ym 1931 pan ysgrifennwyd yr hanes. Bu J. E. Lloyd yn drysorydd Cymdeithas yr Iaith Gymraeg, ac o ddarllen ei erthygl gwelir ei fod ef yn ymfalchïo yn llwyddiant ei Hysgol Haf, ac os syniad Defynnog oedd cynnal Ysgol Haf nid gormod yw tybio ei fod yntau wedi ei groesawu yn frwd.

Diau fod cenedlaetholdeb neu genedlgarwch Lloyd yn un o'r symbyliadau a barodd iddo ymroi i astudio Hanes Cymru. Sylwer mai fel darlithydd yn y Gymraeg a Hanes y dechreuodd ar ei yrfa yng Ngholeg Aberystwyth ac mai fel cofrestrydd a darlithydd yn Hanes Cymru y cychwynnodd yng Ngholeg Bangor. Gellir gweld yr un brwdfrydedd y tu ôl i'w waith yn cyflwyno traethawd ar Hanes Cymru i gystadleuaeth yn Eisteddfod Genedlaethol Cymru Lerpwl 1884, hynny yw, flwyddyn cyn iddo raddio yn Hanes yn Rhydychen, ar y testun 'History of Wales for those in Day Schools' ac ennill, er nad oedd yn olrhain yr hanes oddieithr hyd at 1282, er nad oedd yn llyfr addas at ddefnydd ysgolion dyddiol ac er nad oedd mewn ystad orffenedig, a bod gofyn i'r traethodydd ei orffen cyn cael ei wobrwyo. Y mae'n werth dyfynnu brawddegau olaf y traethawd (a gyhoeddwyd ym 1885):

> Llywelyn ap Gruffydd proved himself a worthy namesake of his grandfather: he allied himself with barons in their conflict with Henry III, and obtained at its close the

undertaking, and it was in the endeavour to accomplish it that CHAP.
the last Prince of Wales of the native line came to his melan- XX.
choly end.

He died, not at the head of his army in a well-fought fray, but almost alone, in an unregarded corner of the field, as he was hastening from some private errand to rejoin the troops who were holding the north bank of the Irfon against a determined English attack. The man who struck him down with his lance, one Stephen Frankton, knew not what he had done, and it was only afterwards that the body was recognized. It is probable that the true story of that fateful 11th of December will never be rightly known and, in particular, why Llywelyn, with dangers on every side, had thus allowed himself to be separated from his faithful troops. But, mysterious accident though it was, the prince's death was decisive for the struggle between the two races; without him, the Welsh could not continue the conflict, and, though Edward had still much to do to secure the fruits of victory, the turning point had been reached in the contest between Welsh independence and the English crown. Only Llywelyn ap Gruffydd could give life to the cause which must eventually succumb to the centralising tendencies of English politics.

Upon recognition of the fallen hero, his head was cut off and sent to Edward, who exhibited it to the army in Anglesey and then despatched it to London, so as to gratify the citizens with concrete evidence of his triumph. The body, when some ecclesiastical scruples had been satisfied, was buried in the abbey of Cwm Hir,[236] where, however, nothing remains to mark the site of the grave. Llywelyn's wife, Eleanor, had died in childbirth in June in the midst of the conflict and had been buried in the friary at Llanfaes. The little Gwenllian, their only child, soon fell into the hands of the king, and spent her days as a nun of Sempringham. No heir, therefore, carried on the traditions of the lost leader, and his followers felt there was nothing more to live for—

> O God! that the sea might engulf the land!
> Why are we left to long-drawn weariness?

was the lament of the desperate Gruffydd ab yr Ynad Coch,

[236] So the contemporary Bury chronicler (Cont. Fl. Wig. ii. 227).

5 Disgrifiad J. E. Lloyd o farwolaeth Llywelyn ap Gruffudd yn ail gyfrol A History of Wales (1911).

fullest acknowledgement of his entire independence, saving only the lie of homage to the English crown. Edward I, resolved at all hazards to subdue him: an object which he finally accomplished in 1282, to the ruin of Welsh independence, but not of Welsh nationality, which with surprising tenacity has survived this as it has survived the Roman and the Norman Conquests. One might almost believe the prophecy which Giraldus quotes at the conclusion of this Descriptio, that no other nation and language shall answer for this corner of the earth in the great day of judgement than have hitherto maintained themselves there so stoutly.

Ac ni ddylid gadael yn angof ei lyfrau dwyieithog i blant a grybwyllwyd eisoes: *Llyfr Cyntaf, Ail Lyfr* a *Thrydydd Llyfr Hanes* (*Welsh History to 1282 in Welsh and English*), Caernarfon: Cwmni'r Wasg Genedlaethol Gymreig, 1893-1900.

Ond, wrth gwrs, nid oedd y gweithiau hyn ond megis rhagbrofion ar gyfer ei glasur *A History of Wales from the earliest times to the Edwardian Conquest* (2 gyfrol, 1911). Diau na ddywedodd yr Athro T. F. Tout air yn ormod wrth ei adolygu yn yr *English Historical Review:* 'A book on such lines, or of such a type, has never previously been written.' Bu'n llwyddiant masnachol aruthrol. Cafwyd ail argraffiad ym 1912, a bu gwerthu cyson arno hyd yr Ail Ryfel Byd a hyd yn oed heddiw ni chymerodd yr un llyfr arall ei le. Da y dywedodd J. Goronwy Edwards: 'Hyd heddiw, dyma'r llyfr unigol mwyaf ar hanes Cymru, a buasai cyhoeddi hwn yn ddigon, ar ei ben ei hun, i wneud yr ugeinfed ganrif yn hynod mewn hanesyddiaeth.'

Profodd J. E. Lloyd ei fod ben ac ysgwydd yn well hanesydd nag O. M. Edwards. Prin yr oedd angen iddo ei brofi ei hun yn llai o genedlaetholwr fel hanesydd. Ond a oedd y cenedlaetholdeb a barodd iddo ymdroi i astudio hanes Cymru wedi diflannu'n llwyr?

Cyn ateb y cwestiwn hwn y mae'n werth i ni ystyried ei ddefnyddiau. Nid oeddynt mor wahanol â hynny i ddefnyddiau O. M. Edwards. Yn ei ragymadrodd i *Wales*, dywedodd O.M.:

> The history of the period of the formation of the Welsh people, which Principal Rhys has made his own, I pass over lightly. Of early social history, expounded by Mr. Seebohm, I only relate enough to make political history intelligible. My chief authorities for the period of the Norman and English conquests, which I sketch more fully, are Brut y Tywysogion, Ordericus Vitalis, the monastic annalists, the Welsh laws, and the Welsh poets of the Red Book of Hergest. For each period from the time of Owen Glendower to the present day, my conclusions are mostly drawn from contemporary Welsh literature.

Hyd y gellir barnu, nid oedd llawer o'i le ar ddewis O.M. o ffynonellau; o ran hynny, nid oedd cynifer â hynny o ffynonellau ar gael, ac yn y cyswllt hwn, y mae gan R. T. Jenkins baragraff dadlennol dros ben yn *Ymyl y Ddalen:*

> Y peth na sylweddolais ar y pryd oedd hyn: mai corff mawr yr hanes a adroddid ym mhob un o'r llyfrau, o leiaf ar y cyfnod hyd 1282, oedd yr hanes a gyhoeddwyd mor bell yn ôl â 1584 gan Ddafydd Powel, Ficer Rhiwabon, ar sail 'Brut y Tywysogion'. Ar ben hynny, yr oedd chwanegiadau ar hanes crefydd yng Nghymru—y rheini, fel y gwn erbyn heddiw, yn gynnyrch dadleuon gwrth-babaidd diwedd yr ail ganrif ar bymtheg a dechrau'r ddeunawfed. Chwi ddëellwch, wrth gwrs, mai siarad yn fras yr wyf, oblegid nid oes yma ofod i fod yn fanylach. Ond dyna oedd y 'canon'—yr hanes traddodiadol. Pwy oeddwn i ar y pryd i fod yn uwch feirniad arno?

Nid oedd eisiau i R. T. Jenkins fod mor ostyngedig. Yr oedd J. E. Lloyd eisoes wedi dweud yn y *Dictionary of National*

Biography am lyfr Powel, 'later historians of Wales have to a large extent drawn their material from it', ac yr oedd ef ei hun yn mynd i bwysleisio'r ffaith yn *Y Bywgraffiadur Cymreig hyd 1940:*

> Y mae llyfr Powel yn bwysig dros ben yn ein 'traddodiad' o hanes Cymru. Naill ai yn ei ffurf wreiddiol (a adargraffwyd yn 1811), neu fynychaf yng nghyfaddasiad William Wynne . . . arno ef i fesur mawr y dibynnodd pawb hyd John Edward Lloyd (yn 1911) am hanes y cyfnod hyd at 1282.

Gan fod David Powel yn un o fyfyrwyr cyntaf Coleg Iesu, efallai'r cyntaf i raddio o'r Coleg (3 Mawrth 1572/3; graddiodd yn D.D. ym 1583) ni all neb warafun ei arddel yn un o haneswyr Cymru Gynnar Rhydychen, ond beth am ei genedlaetholdeb? Y mae'n wir ei fod yn ymffrostio yn uniad Cymru â Lloegr ac yn y drefn a ddaeth arni oherwydd yr uniad, eto nid ydyw, chwedl R. T. Jenkins, yn 'serchus iawn at Saeson. Ai annaturiol, meddai, fu i'r Cymry gynt wrthsefyll y Saeson? "Ai anufudd-dod yw amddiffyn eich pwrs rhag lladron?"' Pwysleisia draha arglwyddi'r Mers a swyddogion y Goron yng Nghymru. Hawdd fyddai casglu nad oedd yn genedlaethol iawn ei ysbryd gan ei fod yn ddilornus o Owain Glyndŵr. Eto i gyd, beirniada'r deddfau a basiwyd i gosbi'r Cymry am ei wrthryfel. Rhaid cofio, wrth gwrs, mai yn oes Elisabeth yr ysgrifennai, a gellir deall paham na fynnai edrych ar Owain Tudur fel anturiwr bondigrybwyll, ond fel pendefig uchel ei dras:

> Eithr y mae'n ddiddorol sylwi nad ar deulu Penmynydd y seilia ef hawl y frenhines a'i thad i *Dywysogaeth Cymru.* Aer Llywelyn Fawr, iddo ef, oedd Dafydd. Nid oedd Gruffydd a'i feibion Llywelyn a Dafydd, gellid meddwl, â gwir hawl ganddynt; felly ar farw Dafydd ap Llywelyn Fawr, ei etifedd oedd ei chwaer Gwladus Ddu a'i disgynyddion y Mortimeriaid; ac nid trwy ei dad

Harri VII yr etifeddodd Harri VIII (ac Elisabeth) Dywysogaeth Cymru, eithr trwy ei fam, Elisabeth (Mortimer) o deulu Iorc. (Gw. *Y Bywgraffiadur Cymreig hyd 1940*, dan enw David Powel. Myfi piau'r italeiddio ar Dywysogaeth Cymru, a gwelir y rheswm maes o law.)

Y mae'r dyfyniad hwn yn taflu goleuni ar syniadau Powel: ceir golwg ar ei deimladau gwladgarol hefyd yn y ffaith fod yr Esgob William Morgan yn cydnabod yr help a gafodd ganddo i gyfieithu'r Beibl Cymraeg ac yn y ffaith fod John Davies, Mallwyd, a'i fab ef ei hun, Daniel Powel, yn tystio ei fod wedi arfaethu cyhoeddi geiriadur Cymraeg. Y mae'n amlwg ei fod nid yn unig yn un o ysgolheigion y Dadeni ond hefyd yn un o'i ysgolheigion mwyaf amlochrog. Ac os gellir uniaethu ymdeimlad cenedlaethol â chenedlaetholdeb, nid gormod yw honni bod David Powel yn haeddu lle mewn unrhyw ymdriniaeth â chenedlaetholdeb haneswyr Cymru Gynnar Rhydychen.

Ond haedda le hefyd am ei ddylanwad ar ei olynwyr fel haneswyr ac am ei waith yn tynnu sylw at *Frut y Tywysogyon*. Ym 1583 gofynnwyd iddo gan Syr Henry Sidney, Llywydd Cyngor y Gororau, baratoi i'r wasg gyfieithiad Humphrey Llwyd o *Frut y Tywysogyon*, testun Lladin wedi ei gyfieithu o lawysgrif a ddibennai ym 1270, eithr gydag atodiad hyd at 1295. Hwn oedd sail llyfr Powel, *A Historie Of Cambria, now called Wales* (1584), ond ei fod, chwedl yntau, 'corrected, augmented, and continued, out of records and best approved authors'.

Yn awr, fe welwyd bod O. M. Edwards yn cydnabod *Brut y Tywysogyon* yn un o'i ffynonellau, ac nid oes dwywaith nad oedd y *Brut* yn un o ffynonellau J. E. Lloyd, oherwydd nid gwahaniaeth yn y defnyddiau sy'n peri'r gwahaniaeth mawr rhwng ei lyfr hanes a llyfrau hanes pawb o'i ragflaenwyr ond gwahaniaeth rhwng ei ddull ef o'u trin a'u dull hwy o'u trin. Y mae 'Darlith John Rhŷs' J. E. Lloyd ar 'The Welsh Chronicles', a gyhoeddwyd yn *Proceedings of the British*

Academy (1928), yn ffrwyth astudiaeth fanwl o destunau'r *Brutiau* (y ddau *Brut y Tywysogyon* a *Brenhinedd y Saeson)* ac yn dangos yn eglur mor feistrolgar oedd ei ddull o'u trin. Yr oedd wedi arfaethu cyhoeddi golygiad neu olygiadau ohonynt, a llawenydd mawr iddo oedd gweld cyn ei farw fod yr Athro Thomas Jones wedi ymgymryd â'u golygu—a chyda llaw, nid bob amser y sylweddolir mor ddyledus oedd Thomas Jones i *A History of Wales* J. E. Lloyd wrth eu golygu.

Yn ei ragymadrodd i'w lyfr, y mae J. E. Lloyd yn tynnu sylw at y ffaith nad oes ynddo yn unman drafodaeth lawn a systematig o'r croniclau a gynhwysir yn *Annales Cambriae* a *Brut y Tywysogyon*, ac at y ffaith ei fod unwaith wedi bwriadu rhoi disgrifiad beirniadol o'r awdurdodau hyn ond wedi casglu wedyn fod y dasg yn rhy uchelgeisiol i ymgymryd â hi a bod rhaid ei gohirio. Cyn hyn yr oedd wedi dweud mai ei ymgais oedd *'to bring together and to weave into a continuous narrative . . .* what may be fairly regarded as the ascertained facts of the history of Wales up to the fall of Llywelyn ap Gruffydd in 1282. In a field where so much is a matter of conjecture, it is not possible altogether to avoid speculation and hypothesis, but *I can honestly say that I have not written in support of any special theory or to urge preconceived opinion upon the reader.* My purpose has been *to map out, in this difficult region of study, what is already known and established,* and thus to define more clearly the limits of that "terra incognita" which still awaits discovery.' (Myfi piau'r italeiddio.)

Fel y dywedwyd eisoes, llwyddodd J. E. Lloyd yn rhyfeddol odiaeth yn y dasg a roes iddo'i hun, ac nid oes yn yr hyn sy'n dilyn unrhyw fwriad i dynnu un iotyn oddi wrth ogoniant ei gamp. Ond pa fodd y mae cysoni ei honiad ef nad yw wedi ysgrifennu i gefnogi unrhyw ddamcaniaeth arbennig nac i argymell unrhyw syniad rhagdybiedig ar y darllenydd, â'm gwaith i yn priodoli iddo genedlaetholdeb os, fel y myn rhai haneswyr, nad oes y fath beth â chenedlaetholdeb Cymreig hyd at y cyfnod diweddar, neu, o'r hyn lleiaf, hyd at gyfnod Owain Glyndŵr.

Un ateb, wrth gwrs, fyddai fod y cenedlaetholdeb honedig eisoes yn ei ffynonellau. Ond ai gwir hynny? Un o'r rheini oedd y cyfreithiau, ond 'brodorol' yw'r ansoddair i'w disgrifio hwy, nid 'cenedlaethol'. Diddorol, serch hynny, yw sylwi bod J. E. Lloyd wedi ymgyfarwyddo ynddynt. Ef a baratoes i'r wasg gyfrol Hubert Lewis, *The Ancient Laws of Wales* (1889).

Ffynhonnell dra phwysig arall oedd 'Brutiau'r Tywysogion', a defnyddio'r lluosog 'brutiau' am y tro yn hytrach na'r unigol 'brut', gan fod mwy nag un cyfieithiad Cymraeg o'r Lladin coll. Fel y gwyddys, gellir credu mai eu seiliau hwy yn y pen draw oedd blwyddnodion, neu fel yr awgryma'r enw Cymraeg a'r enw Saesneg 'annals', rhestr o ddyddiadau yn dynodi blynyddoedd a, chyferbyn â hwy, nodiadau yn rhoi'r digwyddiadau o bwys yn ystod pob un, a chaniatáu bod y cyfryw wedi digwydd. Fel y mae'n hysbys, gadawyd llawer blwyddyn fel blynyddoedd diddigwyddiad mewn llawer blwyddnodiadur.

Bydd haneswyr yn gwahaniaethu rhwng blwyddnodiadur, cronicl a 'hanes', gan warafun i'r ddau gyntaf deitl 'hanes', yn un peth am nad oes iddynt ffurf naratif, yn ail am nad ydynt yn defnyddio, ac na allant ddefnyddio, egwyddor 'pwysigrwydd' neu 'arwyddocâd'. Nid mater i'w drafod yma yw hwn. Bodlonaf ar nodi bod Croce wedi dweud nad oes hanes heb naratif ('Where there is no narrative, there is no history'), ac mai barn Peter Gay yw: 'Historical narration without analysis is trivial, historical analysis without narration is incomplete.'

Dau o'r pethau a ddug J. E. Lloyd at ei ffynonellau oedd naratif ac *analysis*. Cofier ei ddisgrifiad o'i amcan 'to bring together and to weave into a continuous narrative . . . what may be fairly regarded as the ascertained facts of the history of Wales . . .' a darllener unrhyw un o'i dudalennau i weld ei ddadelfennu ar waith.

Y mae'n siŵr ei fod ef mor ymwybodol â neb mai diddordeb y blwyddnodwyr oedd gweithgareddau'r Duwdod (stormydd, plâu, newyn, sychder, ac yn y blaen) a gweithredoedd y 'gwŷr mawr' (rhyfeloedd, heddychau, cytundebau, tor-cytundebau, ac yn y blaen). Yr oedd y blwyddnodwyr fel mynaich yn rhan o gorff y gwŷr mawr—yn perthyn iddynt, ac yr oedd y gwŷr mawr y tu allan i'r mynachlogydd yn ymddiddori yng ngwaith y blwyddnodwyr: rhaid cofio bod ambell dywysog ac ambell fardd yng Nghymru yn gorffen eu gyrfa mewn mynachlog.

Y mae'n dilyn nad oedd y blwyddnodwyr yn ymddiddori llawer yn hanes y bobl gyffredin, y werin fud. Nid oes fawr o'u hanes hwy gan J. E. Lloyd—nid oes fawr o'u hanes hwy gan neb o haneswyr ei ddydd yn Ewrop ac nis cafwyd nes i haneswyr dan ddylanwad Karl Marx beidio ag edrych ar hanes fel hanes y gwŷr mawr yn unig.

Y mae'n dilyn hefyd fod diddordeb y blwyddnodwyr yn hanes y gwŷr mawr wedi ei liwio gan y gwŷr mawr ac wedi lliwio golygwedd haneswyr diweddar, gan gynnwys J. E. Lloyd.

Galwyd sylw gan Thomas Jones at y ffaith fod *Brut y Tywysogyon* yn cynnwys darnau o farddoniaeth Ladin i'r Arglwydd Rhys a gellid dadlau ei fod hefyd yn dwyn dylanwad cerddi'r Gogynfeirdd a oedd fel corff hwythau'n wŷr mawr. Ac nid y blwyddnodwyr Cymreig yn unig sy'n dangos eu bod yn tynnu ar lenyddiaeth am eu defnyddiau. Tynnodd Snorri Sturluson ar ddefnyddiau beirdd a chyfarwyddiaid y wlad i lunio hanes y Sgandinafiaid. Nid oedd y blwyddnodwyr felly yn ddiduedd wrth gofnodi digwyddiadau os oedd y rheini'n ganlyniad gweithgareddau gwŷr mawr.

Y mae'n hysbys nad oedd *Brut* neu *Frutiau'r Tywysogyon* yn flwyddnodiadur syml. Cyfieithiadau ydynt o destun Lladin a hwnnw'n destun 'golygedig' ac o anghenraid yn dwyn arlliw meddwl y golygydd. Ac fel y gwelodd Thomas Jones, yr oedd gan hwnnw ei olygwedd arbennig:

Hyd y gallai o dan amodau cyfyng trefn flynyddol ei gronicl yr oedd yr awdur yn ceisio bod yn hanesydd llenyddol. Gwelir hyn yn ei waith yn dramäeiddio'r digwyddiadau, yn cyfansoddi areithiau, yn rhoi naws arwrol i'r arddull, ac yn llunio molawdau. [Ac felly] er holl anfanteision ceisio ysgrifennu hanes yn ôl trefn cofnodion blynyddol, er pob anwastadrwydd a diffyg cydbwysedd yn yr ymdriniaeth, ac ymorchestu rhethregol yr aml folawdau, y mae'r cronicl yn ei ffordd ac yn ei ffurf gyfyng ei hun yn llwyddo i gyfleu'n weddol deg ddatblygiad y genedl Gymreig ac i adlewyrchu ei llwyddiant a'i methiant o ddiwedd y VII ganrif hyd at y XIII ganrif . . . A hyd yn oed os llwyr anwybyddwn y molawdau ffurfiol, y mae'n eglur nad oedd y croniclwr heb ymdeimlo â mawredd tywysogion fel Gruffudd ap Llywelyn ap Seisyll, Gruffudd ap Rhys ap Tewdwr, Gruffudd ap Cynan, Owain Gwynedd, yr Arglwydd Rhys, Llywelyn ap Iorwerth a Llywelyn ap Gruffudd na heb ddirnad arwyddocâd eu gwaith a'u cyfraniad i ddatblygiad y genedl.

Cefais gyfle fwy nag unwaith i ddyfynnu'r geiriau hyn o eiddo'r Athro i atgyfnerthu dadl, ond ar un ystyr y mae ef a minnau wedi bod yn dadlau mewn cylch. Derbyniasom ein syniadau am fawredd y tywysogion a enwir gan mwyaf o lyfr J. E. Lloyd ac ni allaf lai na chredu ei fod ef wedi cael ei syniadau amdano i raddau o *Frut y Tywysogyon*. Gellir rhoi hyn o safbwynt testun yr ysgrif hon yn y gosodiad fod cenedlaetholdeb J. E. Lloyd fel hanesydd yn deillio yn y pen draw o'r un ffynhonnell. A gellid ymhelaethu ar hyn, ond rhaid bodloni ar bwynt y traetha J. Goronwy Edwards arno fwy nag unwaith, sef nad yw J. E. Lloyd i'w restru ymhlith y galarwyr traddodiadol wrth fedd Llywelyn ap Gruffudd ym 1282. Camgymeriad, meddai Goronwy Edwards, yw credu mai ym 1282 y mae'r llyfr yn dibennu, oherwydd diweddglo sydd yno, epilog, oherwydd y mae corff y llyfr yn dibennu ym 1267, nid ym marwolaeth Llywelyn ap Gruffudd ond yn ei

6 Syr Goronwy Edwards (1891-1976), Athro Hanes ym Mhrifysgol
Llundain a Chyfarwyddwr yr Institute of Historical Research.

ddyrchafiad yn Dywysog Cymru ym 1267 yng Nghytundeb Trefaldwyn. Ar y dyrchafiad hwn, meddai Goronwy Edwards, yr oedd pwyslais J. E. Lloyd:

> Awgrym y pwyslais ydyw hyn: mai hanner y gwirionedd ydyw'r syniad traddodiadol am Lywelyn fel 'y Llyw Olaf; hanner arall y gwirionedd ydyw mai Llywelyn oedd y *Llyw Cyntaf*. Efô yn gyntaf a gymerodd yr enw 'Tywysog Cymru'. Efô yn gyntaf, trwy gytundeb Trefaldwyn, a gafodd ei gydnabod yn 'Dywysog Cymru' gan Saeson a Chymry ynghyd. Ac adnewyddiad o'r Dywysogaeth, a sefydlwyd ganddo ef ydyw'r Dywysogaeth a roddwyd yn ddiweddarach i Edward o Gaernarfon a'i holl olynwyr Seisnig hyd y dydd hwn. Ym mhob ystyr, felly y cyntaf o dywysogion Cymru oedd Llywelyn ap Gruffydd.

Gadawaf i'r rhai a fyn anghytuno â Goronwy Edwards wneud hynny. O'm rhan i, ni allaf feddwl am neb a gwell hawl ganddo i fod yn lladmerydd i J. E. Lloyd nag ef, oherwydd ar un ystyr ef sydd â'r hawl orau i'w alw ei hun yn etifedd J. E. Lloyd fel hanesydd o ran dull, cywirdeb a gochelgarwch. Yr wyf yn hoffi'r stori amdano yn gofyn i fyfyriwr a oedd wedi dweud bod rhywbeth 'yn debygol', 'tybed nad "efallai" a olygwch?'

Yr oedd ar un ystyr yn etifedd i O. M. Edwards yntau, oherwydd prifathro yr Ysgol Sir yr aeth iddi, Ysgol Sir Treffynnon, oedd J. M. Edwards, brawd O.M., ac ef a'i dysgodd nad atodiad i hanes Lloegr ydoedd hanes Cymru ond hanes y mae iddo ei symudiad a'i ysbryd ei hun.

Prin y mae angen pwysleisio hawl Goronwy Edwards i'w ystyried yn un o haneswyr Cymru Gynnar Rhydychen. Graddiodd o Goleg Iesu, ac ar ôl bod ym Manceinion gyda'r Athro T. F. Tout, yr unig awdurdod ar hanes Cymru Gynnar yn ei ddydd y gellid ei ystyried yn ail i J. E. Lloyd, dychwelodd i Goleg Iesu gyda chymrodoriaeth a darlithyddiaeth ym 1919 i aros yno hyd 1948 pryd yr aeth yn

Gyfarwyddwr yr Institud Ymchwil Hanesyddol ac yn Athro Hanes ym Mhrifysgol Llundain.

Yn ffodus i ni, y mae prif syniadau Goronwy Edwards ar Hanes Cymru Gynnar a Diweddar wedi eu gosod allan yn ei ddarlith i Gymdeithas Hanes Sir Gaernarfon, *The Principality of Wales 1267–1967. A Study in Constitutional History,* lle y mae'n trafod nid yn unig Gytundeb 1267 ond hefyd Statud Cymru 1284 a'r Deddfau Uno 1536–43, ac yn dangos graddau nodedig y parhad sefydliadol yn hanes y Dywysogaeth. Yr hyn a wnaeth y Cytundeb, fe ddaliai ef, oedd penderfynu *maint* y Dywysogaeth ac yn ogymaint ag iddo wneud Llywelyn II, Tywysog Cymru, cyn gwrogaethu i Frenin Lloegr, hefyd yn uwch arglwydd dros holl arglwyddi brodorol eraill Cymru Gymreig (Cymru ar wahân i'r Mers), penderfynodd hefyd ei chymeriad. I grynhoi, yr hyn a wnaeth Statud 1284 oedd rhannu gogledd-ddwyrain a gogledd-orllewin Cymru yn siroedd a chydnabod y siroedd yn neau gorllewin Cymru a oedd eisoes yn bod, a hynny er mwyn eu cadw oll yn llywodraethol ac yn weinyddol ar wahân i'r system Seisnig, gan sefydlu'n uned y Gymru a oedd cyn hynny wedi ei dosrannu. Yr hyn a wnaeth Deddfau Uno 1536 a 1543 oedd corffori arglwyddiaethau'r Mers naill ai yn y siroedd Seisnig ffiniol cyfagos neu yn y siroedd Cymreig ffiniol newydd eu sefydlu ac felly ddwyn i fod uniadaeth wleidyddol Cymru. Felly, er bod gan Gymru ei chynrychiolaeth yn Senedd Lloegr, yr oedd yn cael ei llywodraethu ar wahân, a daliodd ei system gyfreithiol wahanol er mai cyfraith gyffredin Lloegr oedd y gyfraith a weinyddid. Ond gwell rhoi hyn oll yng ngeiriau Goronwy Edwards ei hun:

Thus the Acts of 1536 and 1543 exorcised fractionization by unifying Wales politically within itself. From a constitutional standpoint they achieved that unification mainly by assimilating the government of the whole of Wales to the government of the principality of Wales. The Acts of 1536 and 1543 following upon the Statute of 1284 and the treaty of 1267, may be taken as marking the third of the stages by which, as the basis of the principality of Wales, political unification was achieved for Wales as a whole.

Gwn fod yr Athro S. B. Chrimes wedi dweud, 'The Principality as such had ceased to exist in 1282', ac mai tuedd cenedlaetholwyr Cymru yn y ganrif hon yw dibrisio'r syniad am Gymru fel Tywysogaeth, ond y mae dadleuon Goronwy Edwards sy'n dilyn, fe ymddengys, ddadleuon 'hen ddewin Bangor' J. E. Lloyd, yn ddiwrthdro i mi; rhoes Cytundeb 1267 sail i Statud Cymru 1284 ac i'r Deddfau Uno 1536 a 1543, a thrwy wneud hynny rhoes fframwaith gwleidyddol ffafriol i ymwybod y Cymry â'u hiaith, eu llên a'u hanes ddatblygu yn ymwybod cenedlaethol.

DARLLEN PELLACH

Geraint Bowen, gol., Y Traddodiad Rhyddiaith yn yr Oesoedd Canol (Llandysul, 1974).

A. H. Dodd, 'Nationalism in Wales: A Historical Assessment', Trafodion Anrhydeddus Gymdeithas y Cymmrodorion (1971).

J. Goronwy Edwards, 'Hanesyddiaeth Gymreig yn yr Ugeinfed Ganrif', Trafodion Anrhydeddus Gymdeithas y Cymmrodorion (1954).

J. Goronwy Edwards, The Principality of Wales 1267–1967 (Caernarvonshire Historical Society, 1969).

W. J. Gruffydd, Owen Morgan Edwards: Cofiant (Aberystwyth, 1937).

R. T. Jenkins, Ymyl y Ddalen (Wrecsam, 1958).

Thomas Jones, gol., Brut y Tywysogyon, or the Chronicle of the Princes, Red Book of Hergest Version (Caerdydd, 1955).

D. M. Lloyd, gol., Seiliau Hanesyddol Cenedlaetholdeb Cymru (Caerdydd, 1950).

J. E. Lloyd, A History of Wales from the earliest times to the Edwardian Conquest (Llundain, 1911).

John Rhŷs a D. Brynmor Jones, The Welsh People (Llundain, 1900).

CANU CYMRU YN YR UNFED GANRIF AR BYMTHEG

Meredydd Evans

Davydh Rowland hen Grythor a arvere bob syl y pask brydnhawn vynd evo Ieuenktyd y plwy i ben Kraig Dhinan i ranny yr ych gwyn. Yna y kane fo gaink yr ychen bannog a'r holl hen Geinkie yr rhain a vyant varw gidag ev.

Edward Lhuyd, *Parochialia*

Ar hanes *canu* yng Nghymru y canolbwyntir yn yr ysgrif hon ac at hynny canu *yn Gymraeg*. Achlysurol yn unig fydd cyfeiriadau at gerddoriaeth offerynnol. A chan fod tystiolaeth uniongyrchol yn brin y gorau y medrir ei wneud yma, ar brydiau, yw tynnu casgliadau petrus a chyffredinol. Peth hwylus mewn pregeth yw tri phen. Felly yma. Sylwir, felly, ar ganu'r Eglwys Sefydledig, canu caeth y traddodiad barddol, a chynnyrch beirdd y canu rhydd.

Yr unfed ganrif ar bymtheg yn Lloegr, wrth gwrs, oedd canrif goruchafiaeth Protestaniaeth ar Babyddiaeth ond prin ryfeddol yw'r dystiolaeth i natur y newid cerddorol yng Nghymru. Sut, ynteu, yr oedd hi ar ganu crefyddol yn eglwysi Cymru cyn i Harri'r Wythfed fynnu cael ei ffordd a chefnu ar awdurdod eglwysig Rhufain? Ni oroesodd fawr ddim tystiolaeth am ganu gwasanaethau Cadeirlannau Canoloesol Cymru, ar wahân i ychydig gofnodion o Dyddewi, ac os gwir hynny am y prif eglwysi y mae'n fwy gwir byth am yr eglwysi llai. Sut bynnag, y peth amlycaf i sylwi arno, yn y cyd-destun presennol, yw mai Lladin oedd iaith y gwasanaethau yn ystod y cyfnod hwnnw. Gallwn felly hepgor unrhyw fanylu pellach.

Gyda sefydlu'r gyfundrefn grefyddol newydd yn Lloegr gwelwyd newid ar natur cerddoriaeth yn y gwasanaethau eglwysig a chyda'r sefyllfa yn y wlad honno y mae'n rhaid inni ddechrau. Yr oedd i gerddoriaeth le amlwg, bid siŵr, yng ngwasanaethau Eglwys Rufain, ond gyda dyfodiad y litwrgi newydd Brotestannaidd yn y Llyfr Gweddi Gyffredin cyntaf ym 1549 ni chynhwyswyd darpariaeth gerddorol benodol. Gallai rhai eglwysi fforddio côr, ond mewn eglwysi tlawd eu hadnoddau cerddorol, rhai efallai yn gwbl amddifad ohonynt, ni ellid disgwyl canu o unrhyw fath, ar wahân i lafarganu yr offeiriaid, o bosibl. Dyna a oedd wrth wraidd y cyfarwyddyd 'said or sung' a welir yn aml yn Llyfr Gweddi Gyffredin 1549. Yn yr Eglwysi Cadeiriol a Cholegol yr oedd y sefyllfa beth yn wahanol, fel y gellid disgwyl. Yno, fel rheol, nid oedd prinder na chorau nac organau na sefydliadau i hyfforddi cantorion ac offerynwyr a gallai peth cerddoriaeth draddodiadol, bolyffonig, barhau i ffynnu yno. Erbyn 1552 yr oedd ffurf ddiwygiedig o'r Llyfr Gweddi Gyffredin ar gael ac yn hwnnw caed darpariaeth a alluogai'r gynulleidfa, fel y cyfryw, i gymryd rhan amlycach yn y gwasanaethau; adlewyrchai hyn ddylanwad cynyddol adran Biwritanaidd y garfan Brotestannaidd yn llys Edward VI. Eithr nid oedd cyfle hyd yma i *ganu* cynulleidfaol; peth eto i ddod oedd hwnnw.

Ym 1553 daeth Mari I i'r orsedd ac aed ati ar unwaith i adfer y litwrgi Babyddol, gan ddilyn Arfer Caersallog a dychwelyd mor agos a chyflym ag a oedd bosibl at y drefn a fodolai ym mlynyddoedd olaf Harri'r VIII. Daeth terfyn dros dro, felly, ar ddatblygiad cerddoriaeth unrhyw litwrgi Brotestannaidd. Nid felly yr oedd, serch hynny, yn hanes y cynulleidfaoedd alltud Protestannaidd a addolai ar y Cyfandir. Dewisodd aelodau'r eglwysi hynny ddilyn arferion crefyddol y mannau y cawsant eu hunain ynddynt ac un o'r arferion hynny oedd canu cynulleidfaol. Eithr yr oedd dewis arall hefyd yn agored iddynt ynglŷn â natur y canu cynulleidfaol hwn, sef rhwng y dull Lutheraidd, a ganiatâi emynau a oedd yn seiliedig ar brofiadau personol emynwyr y cyfnod, a'r dull Calfinaidd a fynnai glymu'r geiriau wrth awdurdod yr Ysgrythurau yn unig, yn neilltuol wrth Salmau Dafydd. Y dull olaf hwn a ddewiswyd gan y Protestaniaid alltud. Gyda'u dychweliad hwy ar drothwy teyrnasiad Elisabeth ym 1558, bwriwyd iddi i sefydlu'r arferiad o ganu mydryddiadau o'r Salmau yn eglwysi Lloegr ac ni lwyddodd hyd yn oed yr Eglwysi Cadeiriol i gau'r drws arno.

Yma yng Nghymru, cyn ac wedi ymddangosiad y cyfieithiadau o'r Llyfr Gweddi Gyffredin a'r Ysgrythurau, yn y chwedegau a'r wythdegau, y tebygrwydd yw mai canu Saesneg a geid mewn cadeirlan ac eglwys blwyf, fel ei gilydd, a bwrw bod canu i'w glywed yn yr olaf o gwbl. Beth bynnag oedd safle'r Gymraeg yn y gwasanaethau (ac y mae sail dros gredu bod peth defnydd arni mewn rhai eglwysi yn esgobaeth

Llanelwy yn chwedegau cynnar y ganrif), go brin fod canu yn Gymraeg yn rhan o'r addoli.

Y cais cyntaf i fydryddu'r salmau yn Gymraeg, ymysg y Protestaniaid, oedd un gan Siôn Tudur, a gellir casglu iddo ymgymryd â'r gwaith tua diwedd saithdegau'r ganrif. Eithr un ar ddeg o salmau yn unig a ddarparwyd ganddo a dewisodd eu canu ar fesur cywydd, er iddo fydryddu braidd yn gloff y salm gyntaf ar fesur rhydd yn ogystal.

Ymhen ychydig flynyddoedd (cyn 1593 yn bendant) yr oedd Wiliam Midleton wedi cychwyn ar waith cyffelyb (fe'i cwblhaodd yn 'Ynys yr India Orllewinol, y 24 o Ionawr, 1595') ond fel yn achos ei ragredegydd dewisodd yntau y mesurau caeth yn bennaf, ynghyd â mesurau eraill a elwid ganddo yn 'ofer-fesurau': yn ôl Gruffydd Aled Williams, dewisodd 43 o fesurau i gyd. Ymhlith y mesurau rhydd a ddefnyddiodd y mae'r cywydd deuair fyrion, yr awdl-gywydd a'r englyn unodl cyrch sydd, yn ei hanfod, yr un â'r Mesur Triban (er bod Midleton, gan amlaf, yn cynganeddu'r ddau fesur olaf). Arwyddocâd y tri mesur hyn yw eu bod yn rhai tra phoblogaidd ac y mae'n rhesymol tybio bod alawon ar gael ar gyfer eu canu, alawon syml a fyddai'n adnabyddus i bobl ym mhob rhan o Gymru. Ac ar ei orau gwyddai Wiliam Midleton sut i brydyddu arnynt. Pe byddai wedi mydryddu'r salmau i gyd ar un neu ragor ohonynt (nid oes, sylwer, ond trwch blewyn o wahaniaeth rhwng yr awdl-gywydd a'r hyn y daethpwyd i'w adnabod fel 'mesur-salm') a phe byddai ei waith wedi ei gyhoeddi yn fuan wedi iddo ei gwblhau, dichon y byddai canu cynulleidfaol Cymraeg wedi brigo i'r wyneb yn yr unfed ganrif ar bymtheg. Eithr nid felly y bu. Beirdd y canu caeth oedd Siôn Tudur a Wiliam Midleton ac nid oedd y math hwnnw o ganu yn debyg o esgor ar ganu cynulleidfaol. Y mae'n berthnasol nodi yma, fodd bynnag, awgrym Gruffydd Aled Williams nad oedd ym mwriad na Siôn Tudur na Wiliam Midleton i ddarparu ar gyfer canu cynulleidfaol. Yr hyn a wnaethant, yn hytrach, oedd dilyn un o ffasiynau llenyddol Ewropeaidd y cyfnod.

Pan aeth Morris Kyffin ati i ysgrifennu rhagair i *Deffynniad Ffydd Eglwys Loegr* (1595) dymunai weld prydydd yn ymddangos a fyddai'n mydryddu'r salmau mewn mesur y gellid ei ganu ar alawon hawdd i'w dysgu 'fal y gallo'r bobl ganu y gyd ar vnwaith yn yr Eglwys; yr hyn beth fydde ddifyrrwch a diddanwch nefawl iddynt yn y llann, a chartref'. Oherwydd, ychwanegodd: 'Am Englyn, neu Owdl, neu Gowydd, e wyr pawb nad cynefin ond i vn dyn ar vnwaith ganu'r vn o'r rheini . . .' Dyma'r pwynt allweddol: unawdydd oedd y datgeiniad traddodiadol ac, at hynny, gŵr a chanddo afael pur sicr ar y cynganeddion. Dyna, felly, gau'r drws yn bendant ar eglwyswyr cwbl ddi-ddysg cyn belled ag yr oedd disgyblaeth y traddodiad barddol yn y fantol.

Yn ddiddorol iawn, ac yn ddiarwybod i Morris Kyffin, yr oedd Cymro o swydd Henffordd ar y pryd wrthi'n gwneud yr union beth a ddymunai ei weld yn digwydd. James Rhys Parry oedd y gŵr hwnnw ac yn ôl ei fab, George Parry, cyflwynodd ei gyfieithiad o'r Salmau i William Morgan, a oedd ar y pryd yn Esgob Llandaf (1595–1601). Ni wyddys beth oedd barn yr esgob am y cyfieithiad ac ni chyhoeddwyd y gwaith, ond goroesodd y llawysgrif, a'r hyn sy'n arwyddocaol amdani yw mai un mesur yn unig a ddefnyddiwyd gan y cyfieithydd, sef awdl-gywydd. Tystiodd George Parry, ymhellach, i'r llawysgrif fynd ymhen amser i ddwylo Edmwnd Prys. Paham, tybed, na fanteisiwyd ar waith y cyfieithydd hwn? Pe byddid wedi gwneud hynny byddai'r Cymry wedi cael cyfle tipyn cynharach nag a gawsant i ganu mawl i Dduw ar y cyd yn eu heglwysi. Eithr efallai y bernid gan ysgolheigion eglwysig y cyfnod, a William Morgan yn eu plith, nad oedd y penillion yn adlewyrchu cyfoeth cynnwys ac urddas ffurf y gwreiddiol.

Yr oedd Cymro arall hefyd o gwmpas tro'r ganrif, sef Edward Kyffin, brawd i Morris Kyffin, yn mydryddu'r Salmau, a hynny ar yr un mesur â James Rhys Parry. Gwyddys iddo gyfieithu tua hanner cant ohonynt a chychwynnwyd eu hargraffu pan ddaeth pla erchyll i lorio

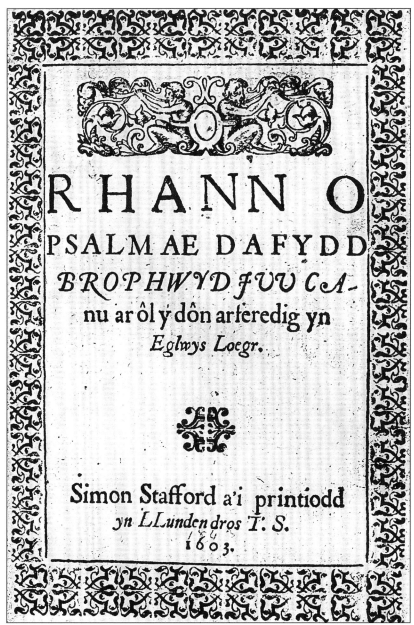

RHANN O
PSALMAE DAFYDD

BROPHWYD JUU CA-
nu ar ôl y dôn arferedig yn
Eglwys Loegr.

Simon Stafford a'i printiodd
yn LLunden dros T. S.
1603.

7 Wyneb-ddalen *Rhann o Psalmae Dafydd Brophwyd* (1603)
gan Edward Kyffin.

Llundain ym 1603, gan hawlio bywyd y cyfieithydd yr un pryd. Deuddeg Salm (a rhan o'r drydedd ar ddeg) yn unig a argraffwyd a'u cyhoeddi gan Thomas Salisbury ym 1603, y flwyddyn y cyhoeddodd hefyd *Psalmae y Brenhinol Brophvvyd Dafydh*, Wiliam Midleton. Yn ei ragair i'w gyfrol disgrifia Edward Kyffin ei gymhelliad i gyfieithu'r Salmau â'r geiriau hyn:

> Ag wrth weled a chlywed mor brydferth ag mor hyfryd rydys yn moliannu Duw yn yr holl Eglwysi lle maer Efengil yn cael rhyddid, ond Ynghymru yn vnig, wrth ganu Psalmae Dafydd, hynny a wnaeth i mi (Er Gogoniant i'r Arglwydd, a Chariad i'm Gwlâd) ddangos fy wyllys dâ yn cychwyn hynn o waith . . .

A ydym i gasglu oddi wrth hyn nad oedd yr arfer o ganu Salmau mydryddol, hyd yn oed yn Saesneg, wedi cyrraedd Cymru erbyn diwedd y ganrif? Y mae'n anodd derbyn hynny gan iddo ddod mor boblogaidd ymhlith y Saeson o'r chwedegau cynnar ymlaen a bod caniatâd brenhinol yn hwb iddo er 1559. Sut bynnag, y mae'n rhesymol tybio na fyddai llawer ohono ar gael y tu allan i'r cadeirlannau a rhyw ddyrnaid o eglwysi plwyf. Yn gyffredinol, felly, y sefyllfa ar ddiwedd yr unfed ganrif ar bymtheg yn eglwysi Cymru oedd nad oedd canu cynulleidfaol Cymraeg i'w glywed ynddynt. Hyd yma nid oes tystiolaeth bendant i'r gwrthwyneb.

Eithr tybed nad oedd canu Cymraeg o ryw fath o fewn eu muriau? Gallai hynny fod. Y mae nifer o gerddi Nadolig ar gael o'r cyfnod, er enghraifft, ynghyd â cherddi crefyddol a moesol eraill y medrid bod wedi eu canu yn yr eglwysi, er nad fel rhan ffurfiol o'r gwasanaethau. Goroesodd dwy garol Nadolig, o leiaf, o'r cyfnod Pabyddol, gydag un ohonynt ynghlwm wrth alaw. Lluniwyd y gyntaf cyn gynhared â 1520, a barnu oddi wrth y mydryddiad o'r flwyddyn honno yn y pennill olaf namyn un, ac fe'i priodolir yn y llawysgrifau i Huw Dafydd (a oedd yn offeiriad yng Ngelli-gaer, yn ôl Iolo Morganwg). Mesur awdl-gywydd sydd iddi a diamau fod alawon ar gael ar y pryd ar gyfer canu'r mesur hwnnw, ond ni chynnwys y gerdd neilltuol hon unrhyw dystiolaeth fewnol ei bod yn *cael* ei chanu mewn eglwys. Y mae'r sefyllfa'n wahanol yn achos yr ail garol. Daeth honno i lawr y canrifoedd inni, yn y traddodiad llafar, fel cân gyflawn ac y mae hanes tra diddorol iddi. Nid oes amheuaeth ynghylch ei hynafiaeth; yn wir, gallai berthyn i gyfnod cynharach na'r unfed ganrif ar bymtheg. Tystia'r geiriau i'w lleoliad Pabyddol; y mae iddi ffurf ddigamsyniol carolau y bedwaredd ganrif ar ddeg a'r bymthegfed ganrif ac y mae lle i gredu bod ei halaw yn gwreiddio yn nhraddodiad y blaengan.

Bychan yw nifer y carolau Nadolig Protestannaidd a oroesodd o'r unfed ganrif ar bymtheg: prin hanner dwsin efallai a'r rheini'n athrawiaethol a Beiblaidd eu naws. O ran cynnwys, ceidw dwy ohonynt yn glòs at Efengylau'r Testament Newydd, gyda'r naill yn rhoi amlygrwydd i'r geni ac ymweliad y doethion, a'r llall yn cyflwyno braslun o fywyd, marwolaeth, atgyfodiad a dyrchafiad y Crist. Y mae dwy arall yn tynnu ar y Beibl cyfan, gan sôn am y Creu, am gwymp Dyn ac yna ei adferiad yng Nghrist. Ar sawl cyfrif, fodd bynnag, y garol fwyaf diddorol yw honno sy'n cynnwys byrdwn byr, a ddigwydd deirgwaith yng nghorff y gerdd. Awgryma hyn ei bod yn un i'w chanu, o bosibl gydag unigolyn neu unigolion gwahanol yn lleisio'r penillion, ynghyd â nifer o gantorion yn ymuno yn y byrdwn:

Dewch yn nes gristnogion da
dan gany halaliwia
y groesewi yr oen di nam
ar freych y fam faria
drwy ganiade moes blethiade
yn brofedig mwyn brofiade
a mawl gene Clych oer gane
gid waith enwog gida thane
molwch farglwydd vn mab mair
y gad or gair Gorycha

Y mae'r geiriau yn llawn cerddoriaeth ac ambell linell gynganeddol gyflawn yn grymuso'r sain; galwad ar bobl i 'gany' yw'r alwad agoriadol; cynnwys yr ail bennill dri gair cerddorol technegol a berthyn i hen gerddoriaeth Cymru, sef 'caniad', 'plethiad' a 'profiad'; yna, cloir â'r ymadrodd allweddol 'gida thane'.

Dyma, felly, dystio i ganu i gyfeiliant telyn neu grwth mewn eglwys. A pham lai? Gwyddom fod organau ar gael yn rhai o'r eglwysi mwyaf a pheth digon naturiol, o ganlyniad, fyddai troi at offerynnau mwy poblogaidd mewn eglwysi bychain ar achlysuron arbennig a roddai gyfle i bobl ganu yn eu priod iaith; er enghraifft, ar rai o'r prif wyliau eglwysig.

Y tebyg yw mai tynnu ar ei brofiad ei hun yr oedd Rhisiart Langfford, Trefalun, pan ysgrifennodd:

Ir ystalm pan oeddem i yn gwilio ynghapel Mair o Bylltyn, ir oedd gwyr wrth gerdd yn kanu kywydde ac odle, a merched yn kanu karole a dyrie . . .

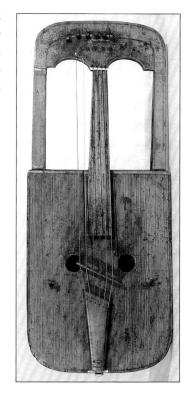

8 Crwth y Foelas, dyddiedig 1742.
Lluniwyd gan Richard Evans,
Llanfihangel Bachellaeth, sir Gaernarfon.

A rhesymol yw derbyn y byddai'r 'gwyr wrth gerdd', o leiaf, yn datgan cywydd ac awdl i gyfeiliant offeryn. Ymhlith nifer o storïau am Rhys Grythor, un o 'gymeriadau' cerdd dant yr unfed ganrif ar bymtheg, y mae un sy'n sôn am wŷr wrth gerdd, mewn gwylmabsant, yn canu ar wasanaeth gosber 'yn y côr lle buasai yntau'r borau yn canu gyda hwynt'. Yna, yn un o lawysgrifau'r gŵr hynod hwnnw o Gellilyfdy, 'Llyfr Karoleu J Jones', casgliad a luniwyd ganddo yn ystod degad cyntaf yr ail ganrif ar bymtheg, y mae cerdd foesol a genid, gellid tybio yn ôl y pennill cyntaf, mewn eglwys:

> yr holl bobloedd er ych lles
> dowch yn nes // i wrando
> a degleuwch bawb ynghyd
> sydd yn y byd // yn tario

ac sydd hefyd yn cynnwys y pennill hwn:

> Ir wy vi/n/ bwriadu draw
> wrandaw // ar ddamegion
> ac a draetha yngherdd val hynn
> gida/r/ delynn gysson

A dychwelyd at y garol-fyrdwn, haedda'r dull antiffonaidd o'i chanu sylw arbennig, gan y defnyddid ef yn rhai o eglwysi Cymru'r ail ganrif ar bymtheg a'r ddeunawfed ganrif, sef wrth ganu'r halsingod, a rhesymol tybio mai parhad oedd hwnnw o draddodiad cynharach.

Daw hyn â ni at wedd fwy cyffredinol ar y canu crefyddol eglwysig na chanu carolau Nadolig. Ni ellir manylu arno yma ond, er hwylustod, dewiswn *Hen Gwndidau* fel casgliad cynrychioliadol. Tra phriodol yw'r is-bennawd i'r gyfrol honno—'Welsh Sermons in Song'—oherwydd dyna yn union yw byrdwn mwyafrif y cerddi. Eu prif swyddogaeth yw hyfforddi credinwyr, moli Duw a Christ, canmol Mair, cynghori, rhybuddio, annog, cyffesu, adrodd hanesion o'r Beibl, ac ati; hynny gan brydyddion Pabyddol a Phrotestannaidd.

Eithr a genid y cerddi hyn yn gyffredinol yn yr eglwysi? Gwir fod sawl prydydd yn agor ei gerdd gan ei galw'n 'gân', ond defnyddid y gair hwnnw'n aml, y pryd hwnnw, yn gyfystyr â 'cerdd' ein dyddiau ni. Rhaid troedio'n ofalus felly, a'r gwir yw nad oes tystiolaeth fewnol bendant (fel yn achos 'gida thant' y garol a drafodwyd gynnau) fod unrhyw un o'r cerddi hyn yn cael eu lleisio, tra bod tystiolaeth ddigonol, ar y llaw arall, fod sawl un yn cael ei 'hadrodd' a'i 'dywedyd' gerbron cynulleidfa. Serch hynny, gwelsom eisoes fod peth tystiolaeth i ganu Cymraeg yn eglwysi'r cyfnod ac awgrymwyd y gallai un o ddulliau canu crefyddol canrifoedd diweddarach fod yn barhad o hen draddodiad.

Yn ei ragymadrodd i *Hen Gwndidau, Carolau, a Chywyddau*, dyna a ragdybir hefyd gan Hopcyn a dyfynna yr hyn a ysgrifennwyd gan Erasmus Saunders yn gynnar yn y ddeunawfed ganrif:

> It is not to be express'd, what a particular Delight and Pleasure the young people take to get these Hymns [sef yr halsingod] by heart, and to sing them with a great deal of Emulation of excelling each other. And this is a Religious Exercise they are us'd to, as well at home in their own Houses, as upon some Publick Occasions; such as at their Wakes and solemn Festivals and Funerals, and very frequently in their Churches in the Winter Season, between All Saints and Candlemass; at which Times, before and after Divine Service, upon Sundays, or Holy-Days, Eight or Ten will commonly divide themselves to Four or Five of a side, and so forming themselves into an Imitation of our Cathedral, or Collegiate Choirs, one Party first begins, and then by way of Alternate Responses the other repeats the same Stanza, and so proceed till they have finished their Halsing, and then conclude with a Chorus.

Yn ychwanegol at y disgrifiad o'r dull antiffonaidd o ganu, sylwer yn arbennig ar yr amlygrwydd a roddid i'r canu hwn yn y cyfnod rhwng Calangaeaf a Gŵyl Fair y Canhwyllau, ar y ffaith y byddid yn canu cyn neu ar ôl y Gwasanaeth ffurfiol, a hefyd ar aelwydydd y cymdogaethau, sy'n dangos bod y math hwn ar ganu yn weithgaredd gwirioneddol gymdeithasol, gwerinol. A noder yn ogystal fod pobl yn dysgu'r caneuon ar eu cof.

Gallwn gasglu'n ddiogel ddigon mai dyma'r ffurf amlycaf ar ganu Cymraeg crefyddol yn eglwysi Cymru'r unfed ganrif ar bymtheg a dichon mai addasiad diweddarach ohono yw'r arfer y deuwyd i'w ddisgrifio ymhen amser fel Canu'r Plygain. Aed ati i gysylltu'r canu arferol am y Brynedigaeth yng Nghrist fwyfwy â Gwyliau'r Nadolig, ond heb newid fawr ddim ar ei gynnwys, ac efallai mai dyna sy'n cyfrif am nodwedd feiblaidd ac athrawiaethol ein carolau traddodiadol. Ond y mae un gwahaniaeth amlwg rhwng canu crefyddol Nadoligaidd yr unfed ganrif ar bymtheg a chanu'r Plygeiniau diweddarach, sef mai canu ar fesurau traddodiadol Cymreig a geid yn y cyntaf: awdl-gywydd, cywydd deuair fyrion, triban a thrithrawiad, yn bennaf; yn arbennig felly y tri cyntaf. Gydag ychydig eithriadau, rhaid aros hyd ail hanner y ganrif ddilynol am fesurau mwy cymhleth. Golyga hynny mai alawon eithaf syml a genid yn yr unfed ganrif ar bymtheg.

Y mae arbenigwyr ar natur a hanes y traddodiad barddol clasurol yn gytûn bellach fod cywyddau ac awdlau, ar brydiau o leiaf, yn cael eu datgan i gyfeiliant offerynnol mewn neuaddau uchelwrol a'u siambrau teuluol, tafarndai, gwestyau, ac ati; weithiau gan y prydyddion eu hunain, dro arall gan ddatgeiniaid a oedd â stôr o gerddi, yn enwedig cywyddau serch, yn ddiogel ar eu cof. Yr hyn sydd ddirgelwch hyd yma, fodd bynnag, yw sut yn union y gwneid hyn. Ai'r drefn oedd canu math ar alaw ai ynteu llafarganu neu rwydd-adrodd a wneid, rhywbeth tebyg, efallai, i ganu salm mewn gwasanaeth eglwysig?

Nid oes ond un llawysgrif o hen gerddoriaeth y Cymry ar gael erbyn hyn (a chopi argraffedig o un arall, llawer llai ei maint) ac i delynor a bardd o Fôn, Robert ap Huw

(1580–1665), y mae'r diolch am hynny. Nodwyd y flwyddyn 1613 ar un tudalen ohoni ond cynnwys hefyd adran a godwyd o lawysgrif gynharach yn perthyn i Wiliam Penllyn (*fl*.1550–70). Y mae'n rhesymol credu ei bod yn gynnyrch traddodiad cerddorol o'r Oesoedd Canol a ddaeth i ben, fel cyfrwng perfformio, yn yr ail ganrif ar bymtheg. Cynnwys un gainc, o leiaf, 'kaingk Ryffydd ab adda ab dafydd' y gellir ei dyddio'n bur ddiogel i ganol y bedwaredd ganrif ar ddeg.

Gwaith dyrys ryfeddol yw ceisio dehongli'r llawysgrif, fel y dengys ymdrechion sawl cerddor dros gyfnod o ddwy ganrif. Nid oes anhawster ynglŷn â darllen y tabl nodiant fel y cyfryw, ond ni cheir ynddi unrhyw arwyddion amseriad na chywair na hapnodau. Y mae'r llawysgrifen ar brydiau hefyd yn bur aneglur. Eithr y prif anhawster yw anwybodaeth ynglŷn â sut y byddid yn cyweirio'r offeryn, sef y delyn yn yr achos hwn. Sonia'r traethodau cerdd dant (sydd hefyd yn hanfodol ar gyfer ceisio deall ein cerddoriaeth draddodiadol) am bum cywair gwarantedig, y gellid sylfaenu cyweiriau a graddfeydd eraill arnynt, ond y mae anghytuno mawr ymysg dehonglwyr y llawysgrif ynghylch union natur y cyweiriau hynny. Ystyrier, er enghraifft, y Cras Gywair, a 'ddarlunnir' gan Robert ap Huw ar dudalen 108: yn ôl Osian Ellis a Thurston Dart, cywair pentatonig yw; fel cywair mwyaf y myn Arnold Dolmetsch a Claire Polin ei ddeall; eithr i Paul D. Whittaker cywair moddol Locriaidd ydyw. At hyn oll, ceir anghytuno ynglŷn â sut i adysgrifio rhestr o arwyddion a welir ar dudalen 35 y llawysgrif: i rai dehonglwyr nid ydynt ddim amgen nag addurniadau ar nodau penodol, fel pe na chwaraeid hwynt byddai'r nodyn yr un yn union, ond i eraill cyfarwyddiadau technegol ydynt sydd, mewn ffordd, yn nodau ynddynt eu hunain.

Problemau ethnogerddorol pur yw'r rhain nad oes unrhyw alw am drafodaeth bellach arnynt. Ond cyfyd un cwestiwn amlwg: pa resymau sydd dros gredu bod rhai, o leiaf, o'r math ar gyfansoddiadau a welir yn y llawysgrif ynghlwm wrth waith beirdd? Fel y gwelsom eisoes, cytuna'r arbenigwyr fod i

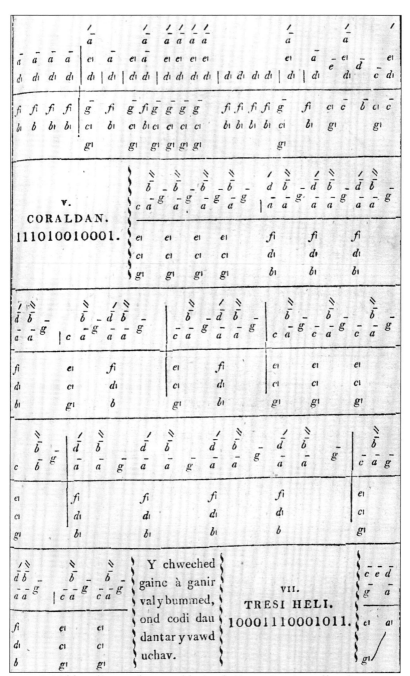

9 Tabl nodiant yr hen gerddoriaeth Gymreig. Argraffwyd yn
The Myvyrian Archaiology of Wales, III, 1807.

ddatgeiniaid eu lle yn y traddodiad barddol swyddogol. Teflir peth goleuni ar hynny yn Statud Gruffudd ap Cynan a'r traethodau cerdd dant. Dangosodd Bethan Miles yn eglur fod y traethodau perthnasol yn amrywio llawer yn eu disgrifiad o swyddogaethau'r datgeiniaid, ond myn hefyd fod cryn gytundeb rhyngddynt. Felly, er enghraifft, dylai datgeiniad boddhaol fedru cyweirio telyn, gwybod 13/14 o brif geinciau, datgan cywydd iddynt, darllen Cymraeg (a'i hysgrifennu hefyd, yn ôl rhai llawysgrifau), gwybod ei sillafau (hynny yw, bod â pheth gafael ar ramadeg yr iaith), gwybod y cynganeddion yn ddigon da i fedru cywiro pennill o gywydd diffygiol a gwneud englyn. Yn fyr, disgwylid iddo wybod rhywfaint am hanfodion cerdd dafod a thant a golygai'r amod cyffredinol hwn ei fod yn ymgyfarwyddo i raddau, o leiaf, â'r math o ffurfiau cerddorol a elwid gan Robert ap Huw a'r hen gerddorion yn ostegion, cylymau, caniadau, diganau, ceinciau, colofnau a chadeiriau. Mater dyrys i ni, bellach, yw deall ystyr y geiriau hyn, eithr beth bynnag a fo eu hunion ystyr awgryma teitlau rhai ohonynt gysylltiad â pheth o waith Beirdd yr Uchelwyr.

Un dosbarth pur niferus yw'r teitlau marwnad; er enghraifft, kaniad marnad Ifan ab y go, kwlwm barnad lewis, kaniad barnad Rhydderch, kaniad barnad Sion Eos. Ymddengys yn debygol fod geiriau ynghlwm wrth y math hwn o gyfansoddiadau. Onid yw marwnadau, wedi'r cyfan, yn ingol o bersonol a phenodol? Cenir am y gŵr *hwn* neu'r wraig *hon,* ac ni ellid dal *hynny* mewn alaw offerynnol foel. Yng ngoleuni hyn ystyrier, dyweder, kaniad barnad Sion Eos. Hanes trychinebus oedd hanes y telynor hwnnw. Fe'i dienyddiwyd am ladd dyn mewn ffrwgwd wyllt ac yn ei gywydd marwnad iddo, a luniwyd yn hanner olaf y bymthegfed ganrif, protestiodd Dafydd ab Edmwnd yn angerddol yn erbyn y ddedfryd a osodwyd arno gan reithwyr Swydd y Waun. Ni ellid bod wedi cyfleu yr union *sefyllfa* drist hon mewn cyfres o seiniau offerynnol. Onid tebycach yw i'r 'kaniad' gael ei lunio yn unswydd fel cyfeiliant i ddatganiad lleisiol o'r farwnad a saernïwyd gan Ddafydd ab Edmwnd?

A beth am y llu cywyddau serch a oedd yn debygol o fod ar gof datgeiniaid y cyfnod, wedi eu hetifeddu ganddynt o gyfnodau cynharach? Digon yma yw dyfynnu o ysgrif gan D. J. Bowen:

> Mewn rhestr o enwau'r prif geinciau cerdd dant, enwir Cadwgan a Chuhelyn fel yr athrawon a'u 'gwnaeth'— dau enw sy'n digwydd yn achau Dafydd ap Gwilym . . . er nad yr un personau o reidrwydd. Ymhlith enwau'r ceinciau gwelir Eurai Gywydh, Organ Leucu, Awen oleudhydd ac Eos Weurvul. Ymhlith y cyweiriau cerdd dant ceid Caniad pibêu morvydd, C. ar gainc David ap Gwilim, C. ar gainc Syr Grûff Llwyd . . . Pair hyn inni feddwl am Leucu Llwyd, ac am gariadon Gruffydd Gryg, sef Goleuddydd a Gweirful, a gŵyr pawb am Syr Gruffudd Llwyd fel gŵr amlwg yng Ngwynedd yn y blynyddoedd wedi'r Goncwest, ac fel noddwr.

Gwir mai am y bedwaredd ganrif ar ddeg y sonnir yma ond rhaid cofio, yr un pryd, am geidwadaeth traddodiad y gwŷr wrth gerdd. Ni fu taw ar ganu cywyddau Dafydd ap Gwilym wedi ei farw a thybed nad hyfrydwch rhai o'i gywyddau serch a gadwodd yn fyw i'r unfed ganrif ar bymtheg y 'gainc' y canodd ef gywydd, dipyn yn ymddiheurol, iddi?

Cofiwn, bid siŵr, mai un o brif swyddogaethau y beirdd swyddogol oedd canu mawl i'w noddwyr a'u teuluoedd a dichon, fel yr awgryma D. J. Bowen, i rai ohonynt ddefnyddio 'cainc Syr Grûff Llwyd' i ddatgan eu cywyddau mawl i deulu Gruffydd Llwyd yn y drydedd ganrif ar ddeg ond, o ystyried y rhestri teitlau sydd dan sylw yma, nid ymddengys y gellir cysylltu unrhyw deitl ag enw gŵr o'r unfed ganrif ar bymtheg. Serch hynny, prin y medrir derbyn *nad* oedd rhai o ddatgeiniaid yr unfed ganrif ar bymtheg yn canu mawl i noddwyr. Diogelach fyddai derbyn tystiolaeth Gruffydd Robert, er ei chyffredined. Cyfeirio'n hiraethus y mae at y Gymru y bu'n rhaid iddo gefnu arni o gwmpas 1559:

Os byddai vn yn chwennychu digrifwch, e gai buror ai delyn i ganu mwyn bynciau, a datceiniad peroslau i ganu gida thant, hwn a fynnychwi ai mawl i rinwedd, yntau gogan i ddrwgcampau.

Yn achos y darnau y rhoddir iddynt y teitlau caniad, cainc a chwlwm y cyfeiriwyd atynt eisoes, yr hyn sy'n dra anffodus yw nad oes gerddoriaeth i gael ar eu cyfer yn nodiant yr hen gerddorion. Ar hyn o bryd rhaid bodloni ar fwrw amcan braidd yn benagored wrth ddewis cainc neu ganiad o'r hen gerddoriaeth ar gyfer arbrofi datganu gyda hwy.

Da meddwl bod peth arbrofi fel hyn ar droed bellach. Hyd yma canolwyd sylw yr ethnogerddorion ar yr hen gerddoriaeth yn unig, ond daeth yn fwyfwy amlwg i ysgolheigion cyfoes fod y modd hwn o weithio yn rhy gyfyng ei w(weledi)ad ac na ddylid anwybyddu'r farddoniaeth a genid i rai, o leiaf, o'r cyfansoddiadau cerddorol hyn. Eithr nid yw'r arbrofi, hyd yma, yn argyhoeddi. Y mae'r ymdrechion y gwn i amdanynt yn rhoi'r flaenoriaeth i rythmau'r gerddoriaeth dros rythmau'r farddoniaeth ac fe ddaliwn i mai fel arall y dylai fod. Oni ddisgwylid, yn hytrach, i'r gynghanedd a'i hacenion gael y lle blaenaf, gyda'r offeryn yn eu hatgyfnerthu; y rhythmau llafar yn feistr a'r rhai cerddorol yn was? Yr un pryd, gydag arbrofi pellach a rhoi'r flaenoriaeth i'r datgeiniad, nid amheuaf nad yw'n bosibl llafarganu mesurau caeth cerdd dafod yn argyhoeddiadol ar rai o gyfansoddiadau'r hen gerddoriaeth. Wrth gwrs, ni ellid bod yn siŵr mai dyna'r math ar ganu a glywid gynt yn neuaddau'r noddwyr, ond efallai y gallai disgyblaeth y cynganeddion osod canllawiau dehongli mwy boddhaol ar rythmau'r gerddoriaeth (mater sy'n dra phenagored ar hyn o bryd) a byddai hynny'n gam ymlaen.

Trown yn awr oddi wrth y datgan swyddogol yn neuaddau'r teuluoedd cefnog a cheisio gweld sut fath ar ganu a geid pan ddeuai pobl gyffredin at ei gilydd i ddifyrru'r amser. Cyfeiriwyd yn gynharach at ddisgrifiad Rhisiart Langfford o'r 'gwilio ynghapel Mair o Bylltyn'. Yn unol ag arfer y cyfnod, byddai achlysur fel hwn yn dwyn pobl ynghyd nid yn unig i addoli ond hefyd i'w difyrru eu hunain trwy ganu, adrodd chwedlau, dawnsio, actio a chwarae campau. Yn achos yr wylnos dan sylw, gwyddom yn bendant i ganu ddigwydd, a pheth o hwnnw yn ddigamsyniol seciwlar, gyda 'gwŷr wrth gerdd', fe gofir, yn canu 'kywydde ac odle' a merched yn 'kanu karole a dyrie'. Cyfyd ambell bwynt diddorol yma.

Gwelwn, i ddechrau, offerynwyr a datgeiniaid yn ymarfer eu doniau y tu allan i gylchoedd y traddodiad barddol ffurfiol ac yn symud yn rhwydd ddigon, fe ymddengys, o'r naill fyd i'r llall. Yma fe'u cawn yn diddanu'r cyhoedd, ond heb newid eu crefft mewn unrhyw fodd: parhânt i ganu cywyddau ac odlau. Gresyn na wyddom ragor am y datgeiniaid, yn benodol. Yn wir, yr unig ffynhonnell y gwn i amdani lle y cawn gipolwg ar ddatgeiniad wrth ei waith yw cywydd Edward Maelor (fl.1567–1603) 'I ofyn clog gan Cynfrig Powel dros Rys Cyfeiliog'. Yr hyn a gawn ganddo yw darlun o ddatgeiniad crwydrol, yn cario rhai o'i gywyddau gydag ef, ac yn ei chael yn anodd bellach i ennill mynediad i ambell dŷ. Eithr darlun anghyflawn iawn ydyw, gwaetha'r modd.

Sut bynnag, pwynt llawn mor ddiddorol yn achos y cwmni ym Mhylltyn yw fod yno wahaniaethu rhwng canu'r gwŷr a chanu'r merched. Cysylltir y dynion â chanu caeth a'r merched â chanu rhydd, ac awgryma hyn nad oedd lle i'r olaf, fel datgeiniaid o leiaf, yn y traddodiad barddol ffurfiol. Eithr gyda'r peth mwyaf diddorol ynglŷn ag adroddiad 'yr hen Risiart Langfford' yw ei fod wedi nodi'r pennill a ganwyd gan un o'r merched yn ystod yr wylnos:

A ddoi di, a ddoi di oddyna
I goed y glyn i gylyna?
Lle kair kelyn, a moel gelyn,
A phob amryw gyfryw gelyn.

Clywir yma dinc yr hen benillion a rhoddai dyn lawer am wybod ar ba alaw yn union y canodd y 'verch ievank' honno

gynt y pennill hwn. Fodd bynnag, y peth pwysig i sylwi arno
yw fod cadw noson wylnos, fel un Mair o Bylltyn, yn arferiad
poblogaidd a roddai gyfle i bobl ddod ynghyd i ddifyrru'r
amser trwy ganu, ac ati. I gynnal noson lawen, os mynner.

Arferiad arall a brofai'n achlysur i ddwyn pobl ynghyd ar
gyfer mwynhau tipyn o adloniant oedd yr hyn y gellid ei alw
yn 'gyfarfod ochr y mynydd'. Tystir i hyn yn yr unfed ganrif
ar bymtheg mewn adroddiad i lywodraeth Elisabeth I ar
ymarweddiad Cymry'r cyfnod, adroddiad a luniwyd o bosibl
gan Nicholas Robinson, Esgob Bangor (1566–85):

> Upon the Sondaies and hollidaies the multitude of all
> sortes of men woomen and childerne of everie parishe
> doe use to meete in sondrie places either one some hill
> or one the side of some mountaine where theire harpers
> and crowthers singe them songs of the doeings of theire
> auncestors, namelie, of theire warrs againste the kings
> of this realme and the English nacion, and then doe they
> ripp upp theire petigres at length howe eche of them is
> discended from those theire ould princs. Here alsoe doe
> they spende theire time in hearinge some part of the
> lives of Thalaassyn, Marlin, Beno, Kybbye, Jermon, and
> suche other the intended prophetts and saincts of that
> cuntrie.

O droi unwaith yn rhagor at y rhestrau teitlau ceinciau y
cyfeiriwyd atynt yn gynharach, a'u hystyried yn y cyd-destun
hwn, cawn fod rhai ohonynt yn dra awgrymog. Gwyddom, er
enghraifft, fod cyfarwyddiaid yn cyfuno llafar a chân wrth
adrodd rhai chwedlau a thybed nad pytiau cân o'r rheini a
glywid 'ar ochr y mynydd' i gyfeiliant ceinciau megis
'kanniad y twrch trwyth' (Culhwch ac Olwen), 'kanniad
keredd y brenin lawgoch' (o bosibl, yr Owain hwnnw a oedd
yn Fab Darogan y brudiau), 'kaniad Wiliam browys' (gyda
chysylltiad posibl â hanes Llywelyn Fawr a Siwan?) Yna, y
mae'n bosibl mai chwedlau ar gân am orchestion hen saint y
Cymry a genid i geinciau megis 'kaniad Bevno', 'kaniad

brothen', 'caniad Gwenog', 'Caniad Kuric', ac 'Aen (awen?) badarn'. Ac y mae dau deitl arall sy'n haeddu sylw yn arbennig am y rheswm fod tystiolaeth fwy penodol ynglŷn â hwy, sef 'kaniad adar llwchgwin' a chainc yr 'Ychain fannog'. Ceir y cefndir i'r chwedlau am Adar Llwch Gwin yng nghyfrol Thomas Roberts ac Ifor Williams, *The Poetical Works of Dafydd Nanmor*, lle y nodir i'r 'adar' ymddangos gyntaf mewn ffurf Gymraeg ar chwedl am Alexander Fawr, un a addaswyd wedyn ar gyfer cymeriadau Cymreig. Un o'r rheini oedd Drudwas ap Treffin a laddwyd, yn anfwriadol, gan y tri 'ederyn llwch gwin' a roed yn anrheg iddo gan ei wraig. Y cynllun gwreiddiol oedd y byddent yn lladd Arthur, ond aeth y cynllun hwnnw ar chwâl a thrwy ddamwain daeth Drudwas yn ysglyfaeth iddynt. Dyna'r ffurf ar y chwedl yn Llsgr. Mostyn 146 a dyma un o ddyfyniadau Thomas Roberts ohoni:

> Ag ai kipiodd yr adar ef ac ai lladdasant ag yn entyrch awyr i adnabod a naethant a disgyn ir llawr drwy nethvr oernad dostura yn y byd Am ladd drudwas i meistr ag y mae kaniad adar llwch gwin ar danav a wnaed yn yr amser hwnw i goffav hyny.

Wele dystiolaeth bur ddibynadwy i gysylltiad y gainc ag adroddiad o'r chwedl, ond ni allwn fod yn sicr, wrth gwrs, ei bod ynghlwm wrth yr union ffurf hon ar y chwedl gyffredinol. Ni wyddom ychwaith *sut* y cysylltid hi â'r chwedl. A adroddid honno drwyddi draw i gyfeiliant y gainc ynteu ai cyfeiliant i ran o'r chwedl yn unig ydoedd; er enghraifft, i ymateb yr adar o sylweddoli eu bod wedi lladd eu meistr yn anfwriadol?

Chwedl fwy poblogaidd oedd honno am yr ychen bannog, sydd hithau i'w chael ar amrywiol ffurfiau ac yn gysylltiedig mewn rhyw ffordd â chainc draddodiadol. Yn wir, ceir cyfeiriadau at y gainc honno, ynghyd ag arfer pobl o ymgynnull brynhawn Sul ar lethr mynydd i wrando ar delynorion a chrythorion yn canu, mewn cyfnodau

diweddarach na'r un Tuduraidd, a chan ein bod yn parhau i
drafod yng nghyd-destun yr hen gerddoriaeth gellir
cyfiawnhau crwydro peth o awyrgylch yr unfed ganrif ar
bymtheg. Y mae'n gyfle hefyd i bwysleisio na fu'r hen
gerddoriaeth farw'n gorn yn y ganrif honno.

Ymhlith yr atebion a dderbyniodd Edward Lhuyd i'w
holiadur ym 1696, ond na chyhoeddwyd mohonynt hyd
ddechrau'r ganrif hon yn *Parochialia*, y mae rhai o blwyf
Llandrillo sy'n cyfeirio at:

> Davydh Rowland hen Grythor a arvere bob syl y pask
> brydnhawn vynd evo Ieuenktyd y plwy i ben Kraig
> Dhinan i ranny yr ych gwyn. Yna y kane fo gaink yr
> ychen bannog a'r holl hen Geinkie yr rhain a vyant varw
> gidag ev.

Efallai, wrth gwrs, nad adroddai'r hen Grythor chwedl yr
ychen ac mai chwarae'r gainc yn unig a wnâi, eithr y mae'n
gwbl bosibl ei fod yn ei hadrodd. Paham, wedi'r cyfan, sôn
am 'gaink yr ychen bannog' yn benodol? Sut bynnag am
hynny, y mae cywydd marwnad, cwbl anfedrus o ran crefft
cynganeddu, gan Alban Owen Huw (1750–93) i Tomos 'Y
Crwthwr Llwyd', lle yr enwir rhai o'r alawon a hoffai yr hen
grythor:

> Stwffwl Clwyd styff oedd ei glog
> Ar âch bennaf yr Ychen bannog:
> Rhain oedd y da rhawn hir du
> A dynnwyd o'r Weun dwnni
> A fu mewn rhyw Lynn medd yr hen langc
> Trwy lesg ofid yn llysgo'r Afangc;
> A phob stori ond hogi ei go'
> Yn heidiau gant fe gaed gantho . . .

Yma eto ni wyddom sut yn union y cysylltid y gainc â'r
chwedl gan 'Y Crwthwr Llwyd', ond awgrymir yn gryf ei fod
yn eu cysylltu, rywsut neu'i gilydd, a hynny i gynulleidfa yn
hanner olaf y ddeunawfed ganrif.

Trown yn awr i ystyried canu yng nghyd-destun canolfan gymdeithasol sydd gyda'r amlycaf o safbwynt canu poblogaidd, sef y dafarn. Yno ceid canu, dawnsio a chwedleua mwy cyffredinol eu cyrhaeddiad nag yn achos gwledd yn neuadd uchelwr neu ŵr eglwysig o bwys. Nid nad oedd beirdd swyddogol yn ymarfer eu crefft mewn tafarndai a gwestyau, ond câi ffurfiau eraill ar ddifyrrwch canu fwy o le yn y dafarn na choethder cywyddau ac awdlau y prydyddion. Yno, y ddyri a'r garol a enillai'r blaen a daw hyn yn eglur mewn cerdd o'r unfed ganrif ar bymtheg dan y pennawd 'Ymddiddan rhwng yr Wtreswr a'r Dylluan'. Gwrandawer ar yr oferddyn yn canmol canu'r dafarn:

10 Telyn wrachod a wnaed ar gyfer Amgueddfa Werin Cymru ym 1991 gan Robert Evans, Caerdydd, ar sail tystiolaeth ysgrifenedig James Talbot dri chan mlynedd cyn hynny.

a chwedi darfod yr dydd passio
a than a chanwill i oleuo
kael telyn rawn a[i] chweirio
a phawb ar hwyl pennhyllio
nid oed rhaid fynd yr yscol
kyn kael dyry a charol
o law y law y rhay yr delyn
y gael ysgower ag englyn . . .

Portread campus. Yr hyn a gawn yma yw canu nad oedd raid
wrth hyfforddiant ysgol farddol i'w feistroli a chyfeiliant
offerynnol digon digwafars fel y gallai gwŷr cyffredin y
gyfeddach ei chwarae. A sylwer ar yr 'hwyl pennhyllio' yn
neilltuol. Onid yw'n dwyn i gof y ferch ifanc yng Nghapel
Mair o Bylltyn yn canu ei phennill hyfryd am y celyna?
Dyma ni ar ein pennau ym myd y penillion telyn ac
arwyddocaol yn sicr yw'r llinell am y delyn yn symud o law i
law. Ai gormod rhyfyg awgrymu y gwelwn yma wreiddiau y
'canu cylch' diweddarach, gyda'r cyfeillion yn herio ei gilydd
i gofio mwy o benillion na neb arall yn y cwmni; ffurf
gynnar, felly, ar yr hyn y daethpwyd i'w alw ymhen amser yn
ganu gyda'r tannau neu, erbyn hyn, yn gerdd dant?

Dichon fod dau fath ar ganu yn cydoesi trwy'r canrifoedd, y
datgan swyddogol gan feirdd a datgeiniaid llys a neuadd, ar y
naill law, a'r penillio ffwrdd-â-hi ar lawr aelwyd a thafarn, ar y
llaw arall, gyda gorgyffwrdd digon naturiol rhyngddynt a
dylanwadau'n croesi o'r naill ochr i'r llall, ond pawb yn deall
yn burion, yr un pryd, fod i bob crefft a gorchest ei lle priodol.
Yna, ymhen yrhawg, daeth y canu nawdd swyddogol i ben,
eithr parhaodd y llall, gan gymhlethu'n araf dros genedlaethau
a chyrraedd gwastad uchel o gymhlethdod yn ein cyfnod ni.

A dychwelyd at ganu penillion mewn tafarn, rhaid nodi bod
y math hwn o ganu i'w glywed hefyd yng nghartrefi'r broydd,
mewn noson lawen, neithior, swper cynhaeaf, cwrw bach, ac
ati, yn aml heb gyfeiliant telyn na chrwth. Gwaetha'r modd,
ni ellir profi bod enghreifftiau o benillion ac iddynt alaw neu

.

alawon penodol ynghlwm wrthynt, wedi goroesi o'r cyfnod, ac eithrio dwy gân bosibl. Ymdriniwyd ag un ohonynt eisoes, sef 'Ar Fore Dydd Nadolig', a'r llall yw 'Myn Mair' a gadwyd mewn bod, fel y gyntaf, gan aelodau teulu Myra Evans, Ceinewydd. Cân ddiamheuol Babyddol yw hon hefyd a thrafodir peth ar ei chefndir yn *Canu'r Cymry I* (1984).

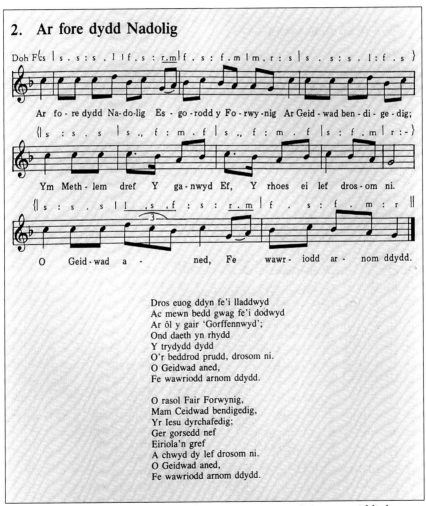

2. Ar fore dydd Nadolig

Dros euog ddyn fe'i lladdwyd
Ac mewn bedd gwag fe'i dodwyd
Ar ôl y gair 'Gorffennwyd';
Ond daeth yn rhydd
Y trydydd dydd
O'r beddrod prudd, drosom ni.
O Geidwad aned,
Fe wawriodd arnom ddydd.

O rasol Fair Forwynig,
Mam Ceidwad bendigedig,
Yr Iesu dyrchafedig;
Ger gorsedd nef
Eiriola'n gref
A chwyd dy lef drosom ni.
O Geidwad aned,
Fe wawriodd arnom ddydd.

11 'Carol Nadolig' a gofnodwyd gan Myra Evans. Ceir y gwreiddiol yn Amgueddfa Werin Cymru.

Y mydrau traddodiadol Cymreig a geir yn ein penillion telyn, wrth gwrs, ac y mae'n bwysig inni sylwi mai ysgafn iawn yw'r dylanwadau Seisnig ar ganu poblogaidd Cymru'r cyfnod. Dangosodd John Gwynfor Jones fel y bu i rai o uchelwyr a mawrion Cymru cyfnod Elisabeth fynd ati'n frwd i roi addysg gerddorol Seisnig i'w plant a phrynu iddynt offerynnau a llyfrau cerddorol llysoedd a sefydliadau cerdd Lloegr, ond y gwir yw na ledaenodd dylanwad hyn dros ddulliau a chynnwys canu pobl gyffredin ein gwlad. Glynasant hwy wrth yr hen drefn. Eithr gwelwn, serch hynny, gychwyn ar agor y drws i alawon Seisnig, rhai ac iddynt ffurfiau mwy cymhleth na'r ceinciau Cymreig.

Un ohonynt yw 'About the banks of Helicon' y lluniodd Edmwnd Prys gerdd raenus ar ei chyfer—'Balett gymraeg ar fesvr aboute the banck of Elicon'—blaenffrwyth disglair yr hyn a alwyd gan Thomas Parry yn ganu caeth newydd. Dilyn un o ffasiynau llenyddol beirdd Seisnig y cyfnod yr oedd y Cymro, sef cyfansoddi cerddi ar alawon a oedd eisoes mewn bod, llu mawr ohonynt yn alawon dawns, eithr ei arbenigrwydd ef oedd iddo weu odl a chynghanedd gyda'r fath fedrusrwydd i linellau ei gerdd. Trafodwyd ei gamp yn ei chyd-destun Prydeinig mewn ysgrif gan Brinley Rees fel nad oes angen am fanylu pellach yma. Ond carwn ychwanegu dau sylw. Yn gyntaf, dichon mai â'r mydr barddonol Seisnig yn unig yr oedd Edmwnd Prys yn gyfarwydd. Ar y llaw arall, y mae'n fwy tebygol ei fod yn gyfarwydd â'r alaw ei hun, efallai â'r ffurf ddilynol arni, a oedd yn adnabyddus yn yr Alban cyn 1568. Gyda hepgor nodyn ddwywaith a llithrennu'n gymwys gellir canu ei gerdd yn rhwydd ar yr alaw 'Banks of Helicon'.

Y ffurf gynharaf arni mewn casgliad Cymreig yw honno a welir yn *British Harmony* (1781) John Parry, sydd beth yn wahanol ei rhediad i'r un flaenorol ond eto yn briodol ar gyfer canu cerdd Edmwnd Prys arni. Yn ail, y dyddiad a gysylltir â'r gerdd mewn rhai llawysgrifau yw 1600, ond awgryma trafodaeth Brinley Rees y dylid ei dyddio gryn dipyn yn gynharach na hynny. Cyfnod Edmwnd Prys fel

Banks of Helicon

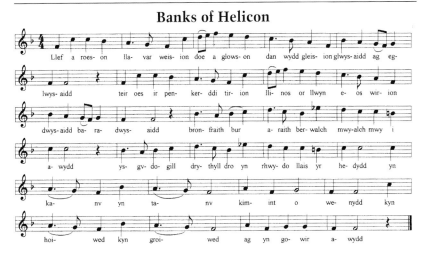

rheithor yn Llwydlo, 1576–9, sydd debycaf o fod yn fwyaf perthnasol.

Cerdd arall lawysgrifol ar fesur alaw Seisnig yw 'Baled o Gymraeg yn ol tôn "Adew my prettie pussie"' (1571), ond nid y canu caeth newydd a glywir yn ei gwead ac ni cheir yr alaw yn ffynonellau cerddorol Seisnig y cyfnod ychwaith.

Trafodir cerdd arall gan Brinley Rees yn ei ysgrif, cerdd serch i'w chanu 'To the tune of Walsingham'. Cofnodwyd hi yn un o lawysgrifau Mostyn a'r gŵr a'i saernïodd, o bosibl, oedd Richard Hughes, Cefn Llanfair, gŵr a fu'n was llys i Elisabeth a Iago I. Fe'i lluniwyd ar fesur alaw Seisnig y ceir sawl cofnod ohoni, gyda'r enghraifft gynharaf ym 1596, ac yma eto, gyda pheth addasu syml, gellir canu'r gerdd Gymraeg yn rhwydd arni:

Walsingham

Cerdd arall, a luniwyd y tro hwn ar batrwm bugeilgerddi Seisnig y cyfnod yw 'Byd y Bugail'. Y mae ar gael mewn llawysgrif Gymraeg a ddyddiwyd gan J. H. Davies *c.*1600, ond fe'i ceir hefyd ar ffurf argraffedig. Manylir arni toc.

Yn y cyfamser sylwer y medrir yn ddiogel osod y pedair cerdd a nodwyd yng nghyfnod Elisabeth a'r cwestiwn creiddiol yn eu cylch yw a ddaethant yn rhan o ganu poblogaidd Cymraeg y cyfnod? Go brin. Yn sicr, nid oes tystiolaeth gadarnhaol i hynny.

Awgrymwyd yn gynharach mai dilyn ffasiwn lenyddol Seisnig yr oedd Edmwnd Prys a'r hyn sy'n fwyaf tebygol yw mai ymarferiad llenyddol, yn ei olwg ef, oedd llunio ei gerdd. Cerddi serch confensiynol gan ddau garwr diobaith yw'r ddwy arall ac y maent yn rhy hunanymwybodol lenyddol, rywsut, i synio amdanynt fel cerddi i'w canu.

Y mae sefyllfa 'Byd y Bugail' yn fwy cymhleth. Cofir i J. H. Davies ddyddio'r llawysgrif lle y gwelir hi gyntaf *c.*1600, ond oddeutu 1620 yr ymddangosodd y gerdd mewn print. Daeth Samuel Pepys ar ei thraws rywdro a'i rhoi ymysg ei gasgliad enfawr o faledi Saesneg. Ei theitl llawn yno yw: 'Byd y bigail. Being the same in Welch to a daintie new tune', ac awgryma hyn fod y ddwy faled yn gyd-argraffedig ar un adeg ond iddynt am ryw reswm gael eu datgysylltu, gan adael yr un Gymraeg i oroesi. Sut bynnag, dyma ragredegydd baledi pen ffair y ddeunawfed ganrif a'r bedwaredd ganrif ar bymtheg yng Nghymru, gan ei bod yn amlwg iddi gael ei hargraffu ar gyfer ei gwerthu a'i chanu'n gyhoeddus. Eto, rhaid cofio mai yng nghysgod baled Saesneg, ar gyfer marchnad baledi Saesneg, y bodolai ac nad oedd marchnad gyffelyb i'w chael yng Nghymru. Sut bynnag, yr oedd cerddi canadwy yn bodoli a rhai ohonynt yn cael eu canu yn yr awyr agored, gyda'r cantorion, gellid tybio, yn derbyn tâl am hynny. Daw hyn â ni at sefydliadau cymdeithasol eraill a gynhaliodd ganu Cymraeg poblogaidd dros sawl canrif, sef y ffair a'r farchnad.

Y cantorion sydd mewn golwg yma yw rhagredegwyr 'baledwyr' cyfnod diweddarach, pobl a enillai beth bywoliaeth, o leiaf, trwy berfformio'n gyhoeddus mewn ffair a marchnad, a'r cyfeiriad awgrymog cynharaf atynt y gwn i amdano yw un mewn rhan o gywydd gan Gruffudd Llwyd (*fl.*1380–1420) 'I Hywel ap Meurig Fychan o Nannau a Meurig Llwyd ei frawd':

> Hefyd nid wyf, cyd bwyf bardd,
> Bastynwr ffair, bost anardd.

Onid y datgeiniad Pen Pastwn sydd gan y bardd swyddogol hwn mewn golwg yma? Gŵr oedd hwnnw, yn ôl rheolau'r Gyfundrefn Farddol, 'a bho yn datganu heb bhedru dhim canu Tant i hunan, a hwnnw a dhyly sefyll yn ghenawl y Neuadh, a churaw i phon, a chanu i Gywydh neu i Owdl a'r dyrnodieu' eithr, os byddai 'Gŵr wrth Gerdd Tant lle y delo', ni châi ganu heb ganiatâd hwnnw. Yma, gosodir y math ar fardd amlwg eilradd hwn yng nghefndir neuadd yr uchelwr, ond yr hyn a awgrymir gan Gruffudd Llwyd yw ei fod hefyd yn mynychu'r ffeiriau. Fe'i cysylltir â'r un sefydliad, ymhellach, mewn englyn dychan gan Gutun Owain (*fl.*1460–1500) lle y disgrifir prydydd o'r enw Ifan fel 'pastwn ffair y gwleddau'. A hawdd credu bod datgeiniaid 'answyddogol' fel hyn yn mynychu ffeiriau hyd at y cyfnod Tuduraidd.

A ellir taflu rhywfaint o oleuni pellach ar y math hwn o ganu? Efallai. Y mae'r man cychwyn i'w gael mewn teitl i gainc werin a gyhoeddwyd yn wreiddiol yn *Cylchgrawn Cymdeithas Alawon Gwerin Cymru* (1909–12). Fe'i cysylltir yno â geiriau a fedrai'n hawdd berthyn i'r ail ganrif ar bymtheg, o leiaf, a phan ailgyhoeddwyd hi yn *Llyfr Canu Newydd* (1932, Rhan III) dan y pennawd 'Dau Beth', gyda geiriau cyfoes, disgrifiodd J. Lloyd Williams hi fel 'Cân y Pastwn (Ram)'. Gwaetha'r modd, ni ddarganfuwyd hyd yma o b'le yn union y daeth yr wybodaeth hon iddo, ond y mae'r enw hwn ar y gainc yn dra awgrymog. Dyma fel yr ymddengys yn y *Cylchgrawn*:

12 Datgeiniad a thelynor o Iwerddon wrth eu gwaith: *Image of Ireland* gan John Derricke, 1581.

Cân y Pastwn

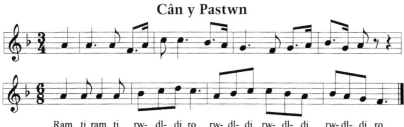

Ram ti ram ti rw- dl- di ro, rw- dl- di, rw- dl- di rw- dl- di ro.

Yr hyn sy'n werth sylwi arno yw y gellir canu sawl mesur ar yr alaw fach hon: pedair-llinell-wythsill a chywydd deuair fyrion; ie, cywydd deuair hirion yn ogystal, gyda rhyddhau ar y rhythm a chrychu ac ymestyn rhediad yr alaw yn ôl galwad acenion y gynghanedd. Y mae'r cytgan yntau yn dwyn i gof hen arfer yn gysylltiedig â chanu penillion byr fel y rhain, sef dawnsio wrth ganu geiriau gwag neu, lle digwyddai fod offeryn yn cyfeilio, i seiniau hoyw hwnnw. Ymddengys i mi yn ddigon posibl y gallai 'Cân y Pastwn' fod â'i gwreiddiau yn y math hwn o berfformio cyhoeddus bedair canrif a rhagor yn ôl.

Diamau, hefyd, fod datgeiniaid di-bastwn wrthi yn ffeiriau'r oes. Yn sicr yr oedd rhai felly yn ei morio hi yn rhai o ffeiriau'r gororau erbyn diwedd oes Elisabeth, fel y tystia Sion Mowddwy (fl.1575–1613) wrth ei gael ei hun yng nghanol Cymry Seisnigedig a Saeson a gymerai'r Cymry'n ysgafn:

> baled a ddôi, heb oludd,
> o ben crogyn, rheffyn rhydd;
> ac yno awr ac ennyd,
> goganu holl Gymru i gyd;
> a'n gwatwar trwy fâr fwriad
> i'n bron, a gwneuthur ein brâd!

A cheir darlun tebyg mewn cerdd hir dan y pennawd 'Breuddwyd Rhisiart Fychan' lle y gwêl y prydydd ddyffryn, trigfan 'plant y byd', gyda ffair wagedd yn un gongl ohono a pherfformwyr amrywiol yn difyrru'r dyrfa, yn eu plith:

eraill yn kanv karole
yr oedd yno gerddorion
ffidlers a ffibyddion
A chân a fydde ganthyn
i bob rhyw fath ar ddyn

Mewn cerdd arall a luniwyd toc wedi marw Elisabeth,
'Almanac Cywrain' (1608), cawn gip ar ganwr a berthynai i
ddosbarth o bobl a welid ym mhob ffair a marchnad drwy'r
wlad:

kawn Gnafes a chwsmera lawer
ynghymry ac yn lloyger
Rai yn Carainc war o Bell
Ny Chan Ond ambell Bedler

Ac nid pedleriaid yn unig a ganai ym marchnadoedd Cymru. Y
mae lle i gredu y ceid ambell glerwr, na fynnai i neb ar unrhyw
gyfrif ei ystyried yn bedler, yn ymarfer ei grefft ymhlith y
Cymry. Un felly oedd Robin Clidro, tyddynnwr a drigai yn
ardal Rhuthun ac a bluai beth ar ei nyth wrth ddifyrru'r
cyhoedd. 'Cymêr' go anghyffredin ydoedd a groesewid i rai o'r
tai mawr ac i gwmnïaeth beirdd wrth eu proffes. Gallai
gynganeddu, er yn herciog ar brydiau, ond y mae ar ei orau pan
dry at y canu rhydd. Yn ôl 'marwnad' Siôn Tudur iddo yr oedd
hefyd yn dipyn o law ar y liwt, y pibau a'r crwth, a sonia
amdano yn mynd 'Â'i grwth i farchnad Rhuthun'. Cyfeiria
Robin Clidro yntau yn gellweirus ato'i hun yn ei 'Owdl am
daith y Bardd i glera' yn canu mewn marchnadoedd, a daw'n
eglur yn yr un gerdd y byddai'n lleisio wrth chwarae'r crwth:

Mi a dynnais grwth allan
a llais tyllvan
ac a genais yn wrol
ar odde cael arian

O ystyried cerddi rhydd Robin Clidro, gellir yn hawdd
ddychmygu tyrfa o bobl yn glymau o chwerthin wrth wrando

arno'n eu perfformio ar ben stryd a hawdd derbyn hefyd ei fod, chwedl Siôn Tudur, yn un 'difyr yn y dafarn'.

Cerddi yn rhyw ysgafn ddifrïo ei hun oedd eiddo'r Clidro fel rheol, ond ceir cerddi Tuduraidd sy'n ymdrin â materion mwy cyhoeddus a dramatig, yn eu plith un gan brydydd o'r enw Robert Thomas sy'n cystwyo dihiryn 'ynghanol plwy ryw abon' am foddi ei fab gordderch pum mlwydd oed, rywbryd ym 1600. Yn hyn o beth ymdebyga i faledi Saesneg y cyfnod a baledi Cymraeg cyfnodau diweddarach, er mai prin ydynt. Trafodir hwynt gan Brinley Rees yn *Dulliau'r Canu Rhydd*, ond haedda un ohonynt sylw arbennig yma gan ei bod yn dangos mor glir fwriad pendant i'w chanu yn gyhoeddus.

Perthyn i ddechrau'r ail ganrif ar bymtheg y mae'r gerdd dan sylw, ond y mae'n ddigon agos at ein cyfnod ni i gyfiawnhau cyfeirio ati yn y cyd-destun hwn. Ei phwnc yw Brad y Powdr Gwn ym 1605, a'i hawdur 'Sion lewis ap Sion o Dowynn meirionnydd'. Tua'i diwedd, daw'r penillion canlynol sy'n dangos ei fod yntau, fel Robin Clidro o'i flaen, yn ddatgeiniad i wrêng a bonedd:

> Mi a i blasse/r/ boneddigion
> mi a ga sir a chroesso ddigon:
> yn ol kinio moes di glowed
> glod i vrenin y brytanied./
>
> Ni adawa i vn llan nac vn dyrfa
> ffordd i rhodiwy mi ai kana
> mi a ga barch am gael i chlowed
> kerdd i vrenin y Brytannied./

Gwaetha'r modd, ni wyddom a arferai Siôn gyfeilio iddo'i hun ar delyn neu grwth ac ni wyddom ychwaith ar ba gainc y canai ei gerdd.

Sonia Gruffydd Robert yn y *Gramadeg Cymraeg* am y 'messurau rhyddion y mae'r bobl annhechnennig, yn i arfer wrth ganu, carolau, a chwndidau, ne rimynnau gwylfeudd', a dyma ddod â ni at 'sefydliad' arall a gynhaliai ganu poblogaidd, sef gwahanol wyliau'r flwyddyn. Y rhai pwysicaf y mae canu yn gysylltiedig â hwy oedd rhai'r Nadolig a Chalan Ionawr, Gŵyl Fair y Canhwyllau (yr ail o Chwefror), y Pasg (carolau eglwysig) a Chalanmai. Ar wahân i'r canu crefyddol nadoligaidd y cyfeiriwyd ato'n barod y math arall ar ganu a gysylltwn yn arbennig â gwyliau'r Nadolig yw'r canu gwasael a oedd ynglŷn â defodau'r Fari Lwyd a Hela'r Dryw, ond rhaid cofio bod y canu hwnnw hefyd yn bod ynddo'i hun, yn annibynnol ar y ddwy ddefod hon. Ffurf arno, er enghraifft, yw Canu Calennig, a'i hanfod yn gyffredinol oedd dymuno'n dda i deulu'r tŷ, gan ddisgwyl bwyd a diod yn ddiolch am hynny. Goroesodd rhai o ganeuon y Fari Lwyd, Hela'r Dryw a Chalan Ionawr hyd y ganrif hon a gallwn yn deg dybio bod caneuon o'r fath yn rhan o ddifyrrwch pobl y cyfnod.

Goroesodd dwy gerdd wasael 'annibynnol' ar ddalennau llawysgrifau'r cyfnod. Yn ôl un ohonynt gellir casglu y bu rhai o drigolion plwyf Ffestiniog yn ceisio ennill mynediad i Gynfal Fawr pan oedd Huw Llwyd a'i deulu'n trigo yno ac yntau, ar gân, yn eu gwrthod yn smala yn ôl hen arfer:

> Pwy sydd ackw/n/ ddrwg /i/ swn/
> yn dyffroi/r/ kwn oi kyntyn./
> ond gorud /i/ kege yn rhwth
> heb na chrwth na thelyn

Cais gan waseilwyr am gael eu derbyn i wledda a diota mewn tŷ yw'r gerdd arall ac efallai mai fel y rhan gyntaf o ddefod ymweld â chartref ar Ŵyl Fair y Canhwyllau y cenid hon. Yr oedd i'r ddefod honno ffurf arbennig iawn yn galw am ddull ar gân a elwid yn 'garol y Gadair', ond nid oes cofnod pendant o gân felly yn y llawysgrifau perthnasol. Serch hynny, diamau fod y ddefod a'r 'canu cadair' yn bodoli yn y cyfnod, fel y bodolai canu Calanmai yntau er nad oes, yn yr achos hwn eto, enghraifft o garol haf y gellid ei gosod yn benodol yn yr unfed ganrif ar bymtheg.

Eithr y mae un pwynt cerddorol sy'n haeddu ei bwysleisio

unwaith yn rhagor: yn achos y cerddi gwasael 'annibynnol' hyn y mae alawon i'w cael yng nghorff ein canu gwerin sy'n gwbl gymwys ar gyfer eu canu ac, o ystyried natur canu penillion, gyda phenillion o hyd gwahanol yn cael eu datgan i'r un alaw, gallai rhai o'r alawon gwerin presennol fod yn gyfarwydd i'n hynafiaid Tuduraidd.

Dal yn ei blentyndod, ar sawl cyfrif, y mae hanes cerddoriaeth Cymru ac un peth a ddylai darlleniad o'r tipyn cyfraniad hwn ei wneud yw dangos bod byd o wahaniaeth rhwng y sefyllfa gerddorol yng Nghymru a Lloegr yn y cyfnod dan sylw. Rhai o'r rhesymau dros hynny yw'r canlynol: yng Nghymru, absenoldeb llys brenhinol a llysoedd aristoc-rataidd grymus, absenoldeb prifysgolion a sefydliadau hyfforddi cerddorol, cadeirlannau ac eglwysi gwan ryfeddol eu hadnoddau, dim theatrau proffesiynol, poblogaeth denau, dlawd a gwasgarog, a gellid ymestyn y rhestr yn rhwydd. Eithr y mae inni ein traddodiad cerddorol arbennig ein hunain a gweithgaredd gwâr a fyddai i'n sefydliadau addysgol a cherddorol ddehongli hwnnw a'i ddeall ar ei delerau ef ei hun.

DARLLEN PELLACH

D. J. Bowen, 'Beirdd a Noddwyr y Bedwaredd Ganrif ar Ddeg', *Llên Cymru*, 17 (1992).

D. J. Bowen, 'Beirdd a Noddwyr y Bymthegfed Ganrif', *Llên Cymru*, 18–19 (1994–6).

D. R. A. Evans, 'A Short History of the Music and Musicians of St. David's Cathedral, 1230–1883', *Welsh Music/Cerddoriaeth Cymru*, 7–8 (1984–5).

'Hopcyn' (L. J. Hopkin-James) a 'Cadrawd' (T. C. Evans), *Hen Gwndidau, Carolau, a Chywyddau* (Bangor, 1910).

J. Gwynfor Jones, 'Cerd a Bonedd yng Nghymru', *Welsh Music/ Cerddoriaeth Cymru*, 6–9 (1981–2), 7–1 (1982), 7–3 (1983).

Bethan Miles, 'Swyddogaeth a Chelfyddyd y Crythor' (traethawd MA anghyhoeddedig Prifysgol Cymru, 1984).

T. H. Parry-Williams, *Canu Rhydd Cynnar* (Caerdydd, 1932).

Brinley Rees, *Dulliau'r Canu Rhydd* (Caerdydd, 1952).

Gwyn Thomas, *Eisteddfodau Caerwys* (Caerdydd, 1968).

Glanmor Williams, *The Welsh Church from Conquest to Reformation* (Caerdydd, 1962).

LLENYDDIAETH BOBLOGAIDD Y DDEUNAWFED GANRIF

A. Cynfael Lake

Pob grâdd o Gristnogion naws inion nesewch, Cyffredin a Bonedd un duedd gwrandewch . . .

Elis y Cowper

Y ddeunawfed ganrif oedd Oes Aur ein llenyddiaeth werinol. Gellir cyfiawnhau'r datganiad hwn trwy alw sylw yn y lle cyntaf at yr amryfal fathau o lenyddiaeth a luniwyd er diwallu anghenion y bobl gyffredin, ac, yn ail, at swm y deunydd a gynhyrchwyd. Priodol cyfeirio hefyd at y nifer yr oedd a wnelont â llunio, cyhoeddi a marchnata'r llenyddiaeth honno.

Y faled a'r anterliwt yw'r ddau gyfrwng pwysicaf, a sylwadau ar y ddau hyn a gynigir yn yr ysgrif hon. Ffynnai mathau eraill o ganu yn ystod y ddeunawfed ganrif, fodd bynnag, ac ni ddylid gollwng y rhain dros gof. Cysylltid rhai mathau ag achlysuron megis y Nadolig a'r Calan, ac â defodau arbennig megis hela'r dryw a'r Fari Lwyd yn ddiweddarach. Byd yr amaethwr a'i orchwylion beunyddiol yw cefndir llawer o'r tribannau ar y llaw arall, a disgrifiodd Iolo Morganwg ac eraill ganu swynol y cathreinwr wrth iddo arwain ei ych ar feysydd ffrwythlon y Fro. A barnu wrth ddisgrifiad Edward Jones yn ei gyfrol *The Musical and Poetical Relicks of the Welsh Bards* (1784), ag oriau hamdden yr oedd a wnelo'r hen benillion. Cyfeiriodd at boblogrwydd y penillion yn Arfon a Meirion, a'r modd yr ymddigrifid trwy wrando ar ddatgeiniad yn eu canu am oriau bwygilydd i gyfeiliant offeryn cerdd pan fyddai'r cwmni wedi dod ynghyd ar ddiwedd diwrnod hir o waith. Dyffryn Teifi a'r cyffiniau oedd cartref yr halsingod, canu nid annhebyg o ran ei gywair i'r penillion hynny a gyfansoddodd y Ficer Prichard yn yr ail ganrif ar bymtheg i hyfforddi ei blwyfolion a'u rhybuddio rhag eu camweddau. Trosglwyddid y mathau hyn ar dafodleferydd o genhedlaeth i genhedlaeth, a llunnid cerddi newyddion ar batrwm yr hen. Deunydd o'r math hwn a gofnododd Richard Morris o Fôn, ac yntau'n llanc yn ei arddegau cynnar, fel y tystia wynebddalen ei gasgliad: 'Carolau Gwirod, Dyrifau, Awdlau, Englynion, Enwau Mesuriau, Ymddiddanion ag amryw Bethau na buont argraphedig erioed'.

71

Newydd oddiwrth y Seêr:
NEU
ALMANAC am y Flwyddyn 1684.
yr hon a elwir blwyddyn naid.
Yr hwn fy gyflawnach, a helaethach nag yr un ar a
wnaed o'i flaen ef. Ag ynddo a Tyftiolaethwyd,
mae 'r Gymraeg iw 'r Jaith hynaf, ar Jaith oedd
gyntaf yn y Bŷd.

Hereunto is added; A direction to *English* Scholars,
fhewing them by a plain and eafie way, how to pro-
nounce and read *Welch* perfectly.

O wneuthuriad Tho. Jones, *Myfyriwr yn Sywedyddiaeth.*
5 y pumed argraphiad neu breintiad.

Eu oed-
ran iw
36.

Argraphedig yng-haerludd, ag ar werth gan yr
Awdwr yn *Black-Fryers, Llundain,* 1684.

13 Wyneb-ddalen un o almanaciau cynnar Thomas Jones,
Newydd oddiwrth y Seêr (Llundain, 1684).

Yr oedd yr almanaciau, hwythau, yn gangen bwysig o lenyddiaeth werinol yn ei hystyr ehangaf. Bu galw mawr am y rhain er pan sicrhaodd Thomas Jones ym 1680 drwydded i gynhyrchu almanac blynyddol, a bu eu cynhyrchu yn gyfrwng bywoliaeth iddo ef ac i Siôn Rhydderch, ac eraill o gyffelyb fryd. Amcanai'r almanacwyr gyflwyno gwybodaeth ymarferol a defnyddiol, ac nid tasg anodd oedd cael gan Gymry hygoelus yr oes lyncu'r ffeithiau a'r proffwyd-oliaethau a arlwyid ar eu cyfer.

O'r holl fathau o ganu, y baledi a'r anterliwtiau yn unig a gyhoeddwyd ar raddfa helaeth, ac y mae'r deunydd a ddiogelwyd mewn print, ac mewn llawysgrifau lluosog, yn ddrych i'w poblogrwydd. Erys ar glawr oddeutu deugain anterliwt a phump, ond nid oes amheuaeth na chollwyd nifer. Diogelwyd saith o anterliwtiau Twm o'r Nant, ond aeth saith o'i weithiau cynnar i ddifancoll, fel y prawf yr hunangofiant a luniodd tua diwedd ei oes. Honnodd awdur arall, sef Elis y Cowper o Landdoged, iddo lunio trigain a naw o anterliwtiau. Naw o'i weithiau ef a ddiogelwyd. Gresyn nad oes modd i ddarllenwyr cyfoes astudio'r anterliwt a luniodd Twm am anghydfod a fu rhwng ficer Llanfrothen a'i blwyfolion—honnir i'r awdur dderbyn gini am ei chyfansoddi a dau am ei llosgi—na'r anterliwt o waith Jonathan Hughes a adroddai hanes Brad y Cyllyll Hirion, ac a oedd yn seiliedig, gellid tybio, ar glasur Theophilus Evans, *Drych y Prif Oesoedd* (1716). Yng nghwrs yr anterliwt, cenid i gynghori'r merched ac i'w rhybuddio rhag temtasiynau'r cnawd a dichell y llanciau. Diogelwyd pedair anterliwt o waith Huw Jones, Llangwm, ond gwelir mewn amryfal lawysgrifau gynifer â naw o ganeuon cynghori wrth ei enw. Tybed faint o'r rhain a ddechreuodd eu gyrfa yn rhan o anterliwtiau a gollwyd bellach?

Anos rhoi rhif ar y baledi a berthyn i'r ddeunawfed ganrif. Argraffwyd lliaws ohonynt, fodd bynnag. Rhestrodd J. H. Davies 759 o faledi a gyhoeddwyd yn ystod y ganrif yn *A Bibliography of Welsh Ballads*, a daeth eraill i olau dydd yn y cyfamser. Llyfrynnau oedd y rhain a gynhwysai ddwy, tair neu bedair cerdd (neu faled) unigol. Gellir amcangyfrif, felly, fod tua dwy fil o gerddi baledol (fe'u gelwir yn faledi, er hwylustod) yn rhestr J. H. Davies, hyd yn oed a chaniatáu ddarfod cyhoeddi rhai ar fwy nag un achlysur. Cofnodwyd eraill mewn llawysgrifau, ond ni ddiogelwyd y cyfan o bell ffordd. Cwynai Jonathan Hughes o Langollen yn ei ragymadrodd i'w gyfrol, *Bardd a Byrddau* (1778), am y trafferthion a ddaeth i'w ran wrth iddo baratoi'r casgliad, 'a pheth arall hefyd oedd oblegyd fod fy holl waith i ar wasgar hyd y wlad, ac nid oedd gan i fy hun o honaw ond ychydig iawn'. Ar sail y deunydd a ddiogelwyd mewn print, nid oes amheuaeth nad Elis y Cowper oedd y baledwr mwyaf toreithiog. Digwydd ei waith mewn rhagor na 160 o lyfrynnau baledol, a gwyddys i Huw Jones, yntau, lunio oddeutu cant o faledi unigol. Gall yr hyn a ddiogelwyd mewn print gamarwain, fodd bynnag. Gelwir sylw at oddeutu hanner cant o faledi Twm o'r Nant yn *Bibliography* J. H. Davies, ond pe chwilid yr holl lawysgrifau, buan y gwelid i'r bardd hwn lunio oddeutu deugant. Argreffid y baledi yn gyson yn yr almanaciau drachefn, a da fyddai cael rhestr gynhwysfawr o'r holl ddeunydd a gyfansoddwyd yn ystod y ddeunawfed ganrif.

Cyfrwng a berthynai i'r gogledd oedd yr anterliwt, ac yno hefyd y ffynnai'r faled, hithau, yn y ddeunawfed ganrif. Pur wahanol oedd y sefyllfa erbyn y ganrif nesaf. Y de oedd canolbwynt y canu yn y bedwaredd ganrif ar bymtheg, fel y dangosodd Tegwyn Jones yn *Cof Cenedl VI*. Ni chefnwyd ar y cyfrwng yn y gogledd, ond arwyddocaol yw'r modd y dewisai Dic Dywyll (Bardd Gwagedd), Ywain Meirion a'r Bardd Crwst droi eu golygon tua chymoedd Morgannwg. Yr oedd y rhain i'w gweld a'u clywed yn fynych yn ffeiriau a marchnadoedd y de yn ystod y bedwaredd ganrif ar bymtheg.

Nid na cheid beirdd yn y de yn y ddeunawfed ganrif. Canodd Ioan Siencyn o Gwm-du ger Llechryd nifer o gerddi rhyddion y gellid bod wedi eu cyhoeddi. Wedi'r cwbl, yn

Adpar, nid nepell o'i gartref, y sefydlwyd y wasg argraffu gyntaf ar dir Cymru, ac nid dibwys mai gweithred gychwynnol Isaac Carter oedd cyhoeddi baled *Cân o Senn iw hên Feistr Tobacco* ym 1718. Synhwyrir, fodd bynnag, fod gan Ioan ei amheuon ynghylch gweddustra ei gynnyrch: 'Y mae rhai canyau yntho [sef y casgliad o'i ganu a baratoes ym 1793], nad oes ynthynt na difyrwch nag adeiliadaeth; Sef canu Mr Albam [*sic*] Tomas ir Tabucco, ac i wyr llechryd, a rhai om gwaith fy hun, na chwenychwn i ddim iddynt fyned allan.' Gallai Edward Evan o Aberdâr, yntau, lunio cerddi ar destunau poblogaidd megis 'Cerdd . . . pan oedd yn caru merch o anfodd ei pherthnasau', a 'Cwyn mab wedi cael pall gan ei gariad', a chynhwyswyd y rhain yn y casgliad, *Afalau'r Awen*, a lywiodd ei fab yng nghyfraith trwy'r wasg ym 1804, ond unwaith eto dengys yr is-deitl wir gywair y detholiad: 'Caniadau Moesol a Duwiol yn cynnwys Anerchiadau i fyw yn weddaidd ac i Ymddwyn yn gariadus at bawb o ddynol ryw'.

Golwg anffafriol a gafodd Lewis Morris ar ddiwylliant y de ar sail ei ohebiaeth â Siôn Bradford o Dir Iarll—'Good Lord to what a poor degree our Language is dwindled in that country'—a diau mai ef a gynghorodd Ddafydd Jones o Drefriw, pan gyhoeddodd hwnnw *Blodeu-gerdd Cymry* ym 1759, i fodloni ar geisio tanysgrifwyr yn siroedd y gogledd. Bu Jonathan Hughes yn fwy mentrus. Aeth ar daith i'r de i werthu ei gyfrol, *Bardd a Byrddau* (1778), a chofnododd yr hanes mewn cerdd a anfonodd at ei wraig. Ni chafodd groeso ym mhobman:

> Mi fum yn Mrecheiniog glud anian gwlad enwog,
> Maesyfed luosog, odidog ei da;
> Nid cymmaint o groeso i brydydd oedd yno,
> Prin cael am lafurio mo'i fara.

Nid ofer mo'r siwrnai, serch hynny:

Troi'n ol i Drefecca, cael yno fwyneidd-dra,
Cynghorion cyf'rwydda o'r rhwydda mewn rhol,
Oddiyno i Sir Fynwy, at wladwyr clodadwy,
Lle cefais gynnorthwy go nerthol . . .

Mewn man elwir Merthyr, ar adeg cawn frodyr,
Rhagorol eu natur, eu synwyr a'u serch,
Di eiddil brydyddion, iachusol a chyson,
Canason yn fwynion i f'annerch.

Er nad oedd y de yn dir mor ddiffaith ag a awgrymwyd gan
Lewis Morris ym 1736, yn y gogledd y ffynnai'r faled a'r
anterliwt, ac, yn fwyaf arbennig, yn Nyffryn Clwyd a'r
dyffrynnoedd cyfagos. Yr oedd cyswllt agos rhwng y ddau
gyfrwng. Yn un peth, awduron yr anterliwtiau oedd prif
faledwyr y ganrif. Twm o'r Nant, Elis y Cowper a Huw Jones
oedd yr enwau amlycaf, ac fe'u crybwyllwyd eisoes, ynghyd â
Jonathan Hughes, Siôn Cadwaladr a Dafydd Jones (er nad
oedd yr olaf yn anterliwtiwr). O'r rhain, Twm o'r Nant yw'r
ffigur mwyaf adnabyddus o ddigon. Fe'i gwnaed yn frenin ar
ei gymheiriaid, ac nid anfynych y darllenir sylwadau megis:
'... a Thwm o'r Nant, wrth gwrs, o'i ysgwyddau i fyny yn
dalach na'r cwbl. Thomas Edwards oedd y teyrn ym myd yr
anterliwdiau.'

Tasg beryglus yw cloriannu gweithgarwch y gwŷr hyn ym
maes y faled a'r anterliwt, ac ymateb i sylw megis yr uchod.
Nid oes casgliadau hylaw o'r lliaws baledi at ddefnydd yr
ymchwiliwr, ac ni ellir dweud i sicrwydd faint o faledi a
luniodd pob awdur. Cyhoeddwyd tua hanner yr anterliwtiau
hysbys yn ystod y ddeunawfed ganrif, a rhaid troi, felly, at y
llawysgrifau cyn y gellir ymgydnabod â'r gweddill. Y mae'n
arwyddocaol, fodd bynnag, mai gwaith Twm o'r Nant yn
unig a gyhoeddwyd ar ôl ei ddyddiau ef, a dyma un awgrym
o'r flaenoriaeth a enillodd. Cyhoeddodd Twm ei anterliwt
Pedair Colofn Gwladwriaeth ym 1786, ac ailgyhoeddwyd y
gwaith ar chwe achlysur, yng Nghaerfyrddin (1810, 1817,
1840, 1849), ac ym Merthyr Tudful (1829, 1836). Ym 1874

cyhoeddodd Isaac Foulkes gasgliad o holl anterliwtiau hysbys Bardd y Nant. Nid ailgyhoeddwyd cynnyrch yr un anterliwtiwr arall yn ystod y ddwy ganrif ddiwethaf.

Cyn troi at y ddau gyfrwng, yr anterliwt a'r faled, priodol ceisio esbonio paham y rhoes Isaac Foulkes ac eraill y fath sylw i Dwm o'r Nant. Buasai Elis y Cowper a Huw Jones, dyweder, yn enwau cyfarwydd ar bob gwefus yn siroedd y gogledd, ond nid ymddengys eu bod hwy yn actio yn yr anterliwtiau a lunient. Daeth Twm i'r amlwg fel awdur, ac ar gyfrif ei ran yn y llwyfannu. Ac nid rhan ddibwys mohoni. Gweithiau i'w cyflwyno gan ddau yw'r rhan fwyaf o anterliwtiau Twm, a'r ddau yn chwarae sawl rhan ac yn rhannu'r elw. Twm a chwaraeai ran y ffŵl, prif gymeriad yr anterliwt, ac mewn astudiaeth ddadlennol awgrymodd Rhiannon Ifans ei fod, yn gyfrwys iawn, yn saernïo'r anterliwt mewn modd a'i galluogai i hawlio'r rhannau amlycaf iddo ef ei hun. 'Partner' tra anghyfartal o ran ei statws a gynorthwyai Twm i lwyfannu ei weithiau.

Gallai Huw Jones weithio cywydd ac englyn, a gwelodd Jonathan Hughes yn dda gynnwys casgliad o'i gywyddau yn nhrydedd ran *Bardd a Byrddau*. O ran ei gynnyrch caeth, rhaid gosod Twm o'r Nant mewn dosbarth ar ei ben ei hun, a

14 Jonathan Hughes (1721-1805), awdur *Bardd a Byrddau* (1778).

dyma ei ail hynodrwydd. Lluniodd gorff helaeth o gywyddau, englynion ac awdlau, a gwelir yn eu plith gywyddau i aelodau o deuluoedd blaenllaw ei ddydd megis Syr Watkin Williams Wynn, Wynnstay, Thomas Pennant, Thomas Miltwn, a Rhosier Mostyn. Yn unol â'r disgwyl, daeth yn ffigur blaenllaw yn yr eisteddfodau y dechreuodd y Gwyneddigion eu noddi yn wythdegau'r ganrif. Ysywaeth, ni feddai Twm ar y gynneddf i golli yn raslon, a bu dyfarniadau'r beirniaid yn dân ar ei groen. Er tegwch â Thwm, priodol nodi na fu i swyddogion y Gwyneddigion gyflawni eu dyletswyddau mewn modd cwbl anrhydeddus a diduedd. Bid a fo am hynny, er na fu iddo gipio un o brif wobrau'r Gwyneddigion, cafodd amddiffynnwr ym mherson Dafydd Ddu Feddyg a frwydrodd yn llew er ceisio achub ei gam. Ef a fedyddiodd Twm yn 'Cambrian Shakespeare', ac er mai ar sail ei anterliwtiau y cafodd yr enw hwn, daeth ei ganu caeth, a'i allu diarhebol i ganu yn fyrfyfyr, â chryn enwogrwydd iddo.

Cyfrwng i'w ffieiddio oedd yr anterliwt yng ngolwg Robert Jones, Rhos-lan, a'i debyg, a gwedd ar y Gymru baganaidd a gladdwyd pan ddaeth gwawrddydd y Diwygiad Methodistaidd ym 1735. Gwyddys am awduron eraill a gefnodd ar y cyfrwng dan bwys eu hargyhoeddiad, ond yn wahanol iddynt hwy bu Twm yn driw i'r anterliwt gydol ei oes. Yn wir, pan aeth ati ar ddechrau'r ganrif newydd i lunio ei hunangofiant, i'w yrfa fel anterliwtiwr y rhoes y flaenoriaeth. Ni ddewisodd drafod ei ymwneud â'r eisteddfod, ac ni chyfeiriodd ychwaith at ei weithgarwch ym myd y faled. Er gwaethaf hyn oll, ymddengys fod Twm yn ŵr cymeradwy ymhlith crefyddwyr ei ddydd, a mynych y cyfeirir at achlysur agor capel Tremadog, Thomas Charles yn pregethu, a Thwm yn y sêt fawr yng nghwmni hoelion wyth y mudiad Methodistaidd. Er na chywilyddiodd Twm ar gyfrif ei gyswllt â'r anterliwt, mynnodd osod ei nod ei hun ar y cyfrwng, fel y gwelir yn y man, a diau mai ei lwyddiant yn hyn o beth a'i gwnaeth yn dderbyniol yng ngolwg sefydliad crefyddol ei ddydd.

Sut y mae disgrifio'r gweithiau a gyfansoddai Twm a'i gyd-
awduron? Sioe amlgyfrwng oedd yr anterliwt, a cheid ynddi
ganu a dawnsio, ymddiddan ac ymson, ac actio. Ar ffurf
tribannau y llefarai cymeriadau'r chwarae, a chan fod pob
anterliwt yn cynnwys rhai cannoedd o'r cyfryw benillion,
hawdd deall bod gafael sicr gan y beirdd ar eu cyfrwng, a'u
bod yn abl i brydyddu yn sydyn ac yn llithrig. Ymwelai'r
cwmni â phentrefi'r gogledd yn eu tro yn ystod misoedd yr
haf, a chyflwynid y chwarae mewn llecyn pwrpasol, ar drol
neu lwyfan a leolid o flaen y dafarn, ar sgwâr y pentref neu
yn y llan.

Y cybydd a'r ffŵl oedd dau gymeriad canolog y chwarae, a
châi'r gynulleidfa fodd i fyw wrth weld y gwrthdaro rhwng y
ddau hyn. Rhan fynychaf, adroddid hanes twyllo'r cybydd a
dwyn ei arian. Y mab, Nimble Dick, sy'n cyflawni'r
anfadwaith yn anterliwt Twm, *Cybydd-dod ac Oferedd*, ac
felly hefyd yn *Y Farddoneg Fabilonaidd*. Ar achlysuron
eraill, twyllid y cybydd gan y ffŵl. Un o hoff olygfeydd Twm
oedd darlunio'r cybydd a'r ffŵl yn cydyfed, a'r blaenaf yn
meddwi, (yn chwydu ac yn dadansoddi'r cynnwys yn *Pedair
Colofn*), yn cael cyntun, ac yna yn cael ei orfodi i dalu am
fwyd a diod y ddau ohonynt am i'r ffŵl gymryd y goes yn y
cyfamser. Weithiau, gwelid y cybydd yn priodi, a'r ffŵl yn
cyflawni swydd yr offeiriad ac yn parodïo'r gwasanaeth
priodas. Arwain y digwyddiad hwn drachefn at dwyllo'r
cybydd. Dyma dynged Rondol yn *Pleser a Gofid*. Gwerthodd
ei eiddo er mwyn dilyn gyrfa fel siopwr gyda'i ail wraig, ond
buan y diflannodd hi a holl eiddo'r cybydd i'w chanlyn.

Mewn sawl anterliwt, twyllid y cybydd yn rhywiol. Ar
dro, cenfydd y cybydd, wedi iddo briodi, fod ei wraig eisoes
yn feichiog. Dro arall, gwêl ei wraig a'r ffŵl yn cydorwedd ar
y llwyfan. Yn un o anterliwtiau Huw Jones, sonnir am y
cybydd yn godinebu â Pretti Nansi, merch y tafarnwr. Genir
plentyn iddi, a chais gan y cybydd arian cynhaliaeth. Â
pethau o ddrwg i waeth pan glyw gwraig y cybydd am y
plentyn, a chyn diwedd yr anterliwt cyhuddir y cybydd o

15 Adloniant cerddorol—ac efallai anterliwt—ym marchnad Aberystwyth ym 1797.

odineb ac fe'i gorchmynnir i ymddangos gerbron Llys yr Esgob. Disgwylid i gybydd yr anterliwt farw. Datgan bod Angau wedi eu taro, a diflannu yn syberw a wna'r rhan fwyaf o gybyddion Twm o'r Nant, ond disgrifiodd eraill ymddygiad amharchus y ffŵl a'i ymdrechion trwsgl i lusgo corff yr ymadawedig ymaith i'w gladdu. Tystia'r sylw bachog isod yn yr anterliwt 'Llur' i ymagweddu diedifar y ffŵl ar yr achlysur:

> Ni a'i claddwn yn domen hyd ei din
> A blaen ei bidyn allan.

Cludai ffŵl yr anterliwt ei degan, sef arwydd ffalig a ddefnyddiai i godi cywilydd ar ferched y gynulleidfa. At hyn, yr oedd ei ystumiau yn awgrymus rywiol, a brithid ei frawddegau ag ymadroddion bras a phriddaidd. Disgwylid iddo gynghori'r merched, a byddai ei gân ar y pwnc yn un o uchafbwyntiau'r anterliwt. Rhybuddir mai beichiogrwydd yw canlyniad ymroi i bleserau'r cnawd, ond disgrifir y pleserau hynny mewn modd nid anneniadol.

Parchusodd Twm y cyfrwng trwy ymwrthod â'r golygfeydd hynny a hynodid ar gyfrif eu hafledneisrwydd. Dewisodd beidio â disgrifio priodas y cybydd, ac y mae'n dilyn na châi'r ffŵl o'r herwydd achlysur i gydorwedd â'r wraig. Ymwrthododd hefyd â golygfa claddu'r cybydd. At hyn, cafodd Twm gan y ffŵl yn ei anterliwt gyntaf (o blith y rhai sydd ar glawr) hepgor ei degan. Bu'r weithred hon yn gyfrwng puro ymddygiad a lleferydd y cymeriad. Er na pheidiodd yn llwyr â'i ymadroddion cwrs, diflewyn-ar-dafod, ac er nad aeth ei hoffter o gwrw ac o'r rhyw deg yn angof ganddo, fe'i clywir yn sylwebu yn ddoeth ac yn gytbwys ar bynciau o bwys. Afraid dweud mai'r ffŵl yw lladmerydd Twm ei hun.

Câi'r gynulleidfa ei boddio gan y math o ddigwyddiadau a amlinellwyd, ond er bod campau'r cybydd a'r ffŵl, a'u hymwneud â chymeriadau atodol megis mab neu wraig y blaenaf, yn hawlio sylw, ni ddylid anwybyddu apêl lafar y cyfrwng. Anodd amgyffred heddiw faint yn union o actio a symud a oedd i'w weld ar y llwyfan, ond tystia'r testunau a ddiogelwyd i'r pwyslais ar drin geiriau yn grefftus a phwrpasol. Camarweiniol fyddai galw sylw at olygfeydd unigol gan fod yr anterliwt, yn ei hanfod, yn seiliedig ar gyfres o ymsonau a deialogau rhwng dau neu ragor o'r cymeriadau. Hoff gan Dwm o'r Nant gyflwyno'r gwrthdaro rhwng y cybydd a chardotreg. Arthur a Gwenhwyfar (a sylwer ar enwau'r ddau gymeriad) sy'n croesi cleddyfau yn *Pedair Colofn Gwladwriaeth*, a'r cybydd didrugaredd yn benderfynol na chaiff y wraig dlawd a newynog, ond urddasol ei lleferydd, elusen o fath yn y byd. Dyma flas ar yr ymddiddan rhyngddynt:

> Gwen   O! rhowch i mi gardod yn ddiragrith,
>   Chwi glywsoch yn bendant mai da ennill bendith.
> Arthur   Ni feddi di'r un fendith mwy na gafr neu fwch,
>   Gwyneb hwch mewn gwenith.
> Gwen   Onid ydyw'r gair yn dweud yn gywren
>   Fod bendith i bawb a roddo elusen?
> Arthur   Y fendith ore f 'ase mewn pryd
>   Eich curo chwi o'r byd, hen garen.

Cyflwynir golygfa gyffelyb yn *Cyfoeth a Thlodi* lle y daw Lowri Dlawd ar ofyn Hywel Dordyn, ac yn *Pleser a Gofid* lle y daw Rondol, y cybydd, wyneb yn wyneb ag Anti Sal o'r Sowth. Yn iaith y de y sieryd Anti Sal yn yr anterliwt gyntaf a luniodd Twm wedi iddo ddychwelyd o Landeilo, a'r iaith honno wedi ei britho â geiriau Saesneg. Ar achlysuron eraill, gwelir ar y llwyfan gymeriadau prin eu Cymraeg. Cofnodir sgwrs rhwng y cybydd a'r meddyg o Sais yn *Pedair Colofn*, a Sais yw'r Angau sy'n taro'r cybydd yn yr un gwaith. Hanfod y digrifwch y tro hwn yw anallu'r Cymro i ddeall llediaith y llall.

Nid yw'r esgyrn sychion hyn yn cwblhau'r drafodaeth ar ffurf yr anterliwt. Adroddai'r awdur hanes y gwrthdaro rhwng y cybydd a'r ffŵl, ond cyflwynai ail haen a allai fod yn seiliedig ar stori feiblaidd, ar chwedl boblogaidd, ar fater hanesyddol, neu ar ddigwyddiad cyfoes, a'r deunydd hwn a rôi i'r anterliwt ei henw. Yr oedd cyflwyno dwy haen fel hyn yn gryn brawf ar ddyfeisgarwch yr awdur gan fod disgwyl iddo ddatblygu dwy stori yn gyfochrog. Cefndir lleol, wrth reswm, sydd i'r ddau gymeriad cyfarwydd, y cybydd a'r ffŵl, yn yr anterliwt *Y Brenin Dafydd*, megis yn yr holl anterliwtiau eraill, ond digwydd yr hanes am Ddafydd a gwraig Urias yn godinebu ar adeg wahanol ac mewn lleoliad pellennig. Ar ddechrau'r chwarae, cyflwynid crynodeb o'r hyn y gallai'r gynulleidfa ddisgwyl ei weld. Dyma ddull cyfrwys o ddenu'r dorf, a chael gan bob un ymadael â'i geiniog yn dâl am gael gwylio'r chwarae, ond yr oedd natur ddeublyg y cyfrwng yn mynnu crynodeb o'r fath.

Dilynodd Twm y trywydd cyfarwydd hwn fel y prawf teitlau ei anterliwtiau coll—'Gwahanglwyf Naaman', 'Jacob yn dwyn bendith Esau', 'Jane Shore'. Yn y gweithiau a ddiogelwyd, fodd bynnag, cyflwynodd yr awdur yn yr ail haen ddilyniant o gymeriadau haniaethol. Yr oedd i'r penderfyniad hwn fanteision amlwg; nid oedd rheidrwydd bellach ar yr awdur i gynnal dwy stori annibynnol, ac y mae'n dilyn bod ei anterliwtiau yn gyfansoddiadau mwy cyflawn o'r herwydd. Ond bu i'r awdur elwa mewn ffordd arall. Perthynai dogn o ddigrifwch i olygfa claddu'r cybydd, fel y gwelwyd, ond yr oedd i'r achlysur wedd ddifrifol, wrth reswm, a daliai'r cybydd ar y cyfle i rybuddio aelodau'r gynulleidfa mai eu tynged hwy fyddai wynebu'r unrhyw ddiwedd truenus. Sylweddolodd Twm fod yr haniaethau yn ei alluogi i gyflwyno beirniadaeth ar fuchedd dyn ac ar natur cymdeithas. Gwelir yn y gweithiau a luniodd dros gyfnod o ddeugain mlynedd a rhagor farn gyson a phendant ar y ddau bwnc hyn, ac o'r herwydd ni ddylid synio am yr anterliwtiau fel cyfansoddiadau annibynnol a digyswllt. I'r gwrthwyneb, y maent yn fynegiant diamwys o athroniaeth yr awdur.

Yn *Pedair Colofn Gwladwriaeth* y mynegir gliriaf ddelfryd cymdeithasol Twm o'r Nant. Yn y gwaith hwn, disgrifir y pedair colofn sy'n cynnal y gymdeithas, sef y brenin a'r

esgob, yr ustus a'r hwsmon. Esbonnir bod y pedair swydd
lawn cyn bwysiced â'i gilydd, a bod i bob un ei phriod
gyfrifoldebau. Derbyn y cyfrifoldebau hynny a'u cyflawni yn
gydwybodol yw amod cytgord yng ngolwg yr awdur. Afraid
dweud na wireddid y delfryd hwn yng Nghymru'r
ddeunawfed ganrif, ac yn yr anterliwtiau beirniedir y trethi—
i'r cybydd yr ymddiriedir y gorchwyl hwn ran fynychaf—a
thrachwant y boneddigion sy'n cau'r tiroedd comin, yn codi'r
rhenti, ac yn ymddiried eu hystadau i ofal stiwardiaid
gormesol. Yn yr un modd, gelwir sylw at ddiffygion yr
Eglwys. Dangosir bod yr offeiriaid diog ac anwybodus yn ddi-
hid o'u plwyfolion, awgrymir mai'r degwm yn unig sy'n
cyfrif yn eu golwg, a bod eu buchedd yn anghydnaws â'u
swydd:

> Ffowlio a hela a chware cardie,
> Ymladd ceiliogod a thrin merchede,
> Darllen papur newydd fel y byddan' nhw
> Ac yfed cwrw am y gore.

Daw'r cyfreithwyr o dan y lach dro ar ôl tro, a chofier am y
blynyddoedd a dreuliodd Twm a'i deulu yn Llandeilo, ar ffo
rhag gwŷr y gyfraith. Darlunnir dichell y dosbarth yn yr
anterliwt hunangofiannol, *Tri Chydymaith Dyn*, sy'n
seiliedig ar hanes cariwr—fel Twm ei hun—a amddifedir o'i
eiddo. Ar achlysur arall, rhaid i Reinallt, cybydd *Tri Chryfion
Byd*, werthu ei holl eiddo i dalu i'r cyfreithwyr barus. Ac er
bod y cybydd yn gweld diffygion y tair colofn arall, nid
cymeradwy ei ymddygiad yntau. Ei fai ef yw twyllo ei
gymdogion trwy werthu iddynt gynnyrch llwgr, a storio ei ŷd
nes i'r farchnad godi.

Cydnebydd Twm fod trachwant yr unigolion hynny nad
ydynt yn cyflawni eu swyddi yn peri caledi ac anghysur i
eraill, ac mai'r diymgeledd sy'n dioddef o ganlyniad, ond
pwysleisia hefyd nad yw'r drefn yn ei hanfod yn ddiffygiol.
Mewn gwaith a gyhoeddwyd dair blynedd cyn y chwyldro yn
Ffrainc, myn yr awdur mai dyletswydd yr unigolyn oedd

derbyn y drefn a pharchu ei le ordeiniedig yn y drefn honno. Ni fodlonai Rondol Rowndun, cybydd *Pleser a Gofid*, ar swydd amaethwr. Dewisodd werthu ei eiddo ac ymsefydlu yn siopwr gyda'i wraig newydd. Ei dynged yw colli ei eiddo, ac awgrymir mai am iddi gefnu ar ei hamgylchiadau cyfarwydd a newid ei byd y bu farw Lowri Lew, mam Rheinallt Ariannog, yn *Tri Chryfion Byd*:

> Roedd hi'n anghynefin â ffâr fon'ddigedd,
> Te a rhyw gige a bara gwyn gwagedd;
> Pe cawse hi uwd a llymru a bara llaeth,
> Ni fuase hi gwaeth gan mlynedd.

> Bwydydd breision sy'n gryfion eu *gravy*
> Wnaeth i'r hen wreigan, druan, ollwng drwyddi,
> A bod ymysg Saeson, mi gymraf fy llw,
> A'i chrugodd i farw, i'w chrogi.

Arwain y sylwadau hyn at drywydd arall y gellir ei ddilyn trwy'r holl anterliwtiau. Naturiaeth dyn, a'i bwyslais ar bleserau a meddiannau daearol, sydd wrth wraidd ei drachwant, medd Twm, ac olrheinir y cyflwr hyd y Cwymp yn Eden. Ar y tir hwn, y mae'r cybydd a'r ffŵl yn destun beirniadaeth, y naill yn gwneud duw o'i eiddo a'r llall yn ymroi o lwyrfryd calon i bob pleser, er mai'r cybydd a gosbir yn ddieithriad pan ddaw angau i'w hawlio ar ddiwedd y chwarae. Cyflwynir y cybydd a'r ffŵl, y ddau gymeriad cyfarwydd yr uniaethai cynulleidfa'r anterliwt â hwy, ochr yn ochr â chymeriadau haniaethol cyfatebol megis Blys y Cwbl a Chybydd-dod, Pleser a Rhyfyg Natur. Swyddogaeth y rhain yw pwysleisio'r nodweddion anghymeradwy, a phriodolir i feirniadaeth Twm o ganlyniad wedd oesol a chyffredinol. Ond daw'r cybydd a'r ffŵl yn eu tro, a'r haniaethau cyfatebol, wyneb yn wyneb â haniaethau eraill sy'n cynrychioli gwerthoedd amgen, a dengys Cywir Gristion, Cariad Perffaith a Madam Duwioldeb Crefydd fod dewis arall yn ymgynnig. Yn y golygfeydd hyn drachefn, amlygir meistrolaeth yr awdur a'i allu i lunio deialog gafaelgar. Alis, gwraig y cybydd, a Chariad Perffaith sy'n dal pen rheswm yn y llinellau a ganlyn:

Cariad	Y cariad wy'n ddweud yn ddie, Mi draetha'n addfwyn ei gyneddfe A'i wir effeithiol ethol iaith Wrth araith Ysgrythure . . .
Alis	Wel, ni f 'ase waeth o ffyrlin Trwy lewder iti siarad Ladin A sôn am dy gariad wastad wedd; Ni wn i am ei rinwedd ronyn. Y cariad mwya' wn i amdano Ydyw ŷd ac enllyn i ymgynllwyn ag éfo; Ceffyle a defed a gwartheg iach A chlywed llo bach yn beichio.
Cariad	Mae'r rheini'n dda i'w lle a'u helynt, Ni wiw i neb roi'i galon ynddynt; Pethe'r byd i gyd sy'n darfod A thragwyddoldeb maith yn dyfod.
Alis	Mi glywes inne ddarllen a synio (Ond ni ad dim i'm calon byth mo'u coelio) Fod blinder y byd a ddaw i ben Y rhai fo'n perchen eiddo. Ni weles i 'rioed na ddown yn burion Ond medru ymgadw rhag rôcs a lladron; Y rheini fydda-i'n weld bob tro Yn andwyo ac yn dwyno dynion.
Cariad	Trysorwch i chwi drysore cyhoedd, Union afel, yn y Nefoedd Lle nad all lladron drawsion dro Er treio gloddio trwodd.
Alis	Wel, ni adwen i yr un gymydogeth Heb ladron a phobol ddiffeth; Ac os nad oes rhai felly yn y Ne', Mae hi yn rhyw le go berffeth.

Rhoddir i'r unigolyn yn y golygfeydd hyn ganllawiau ysbrydol sydd, yn arwyddocaol, yn gyson â dysgeidiaeth y Methodistiaid. Yn anterliwt gyntaf Twm, *Y Farddoneg Fabilonaidd*, clywyd Cywir Gristion yn dadlau fel a ganlyn:

> Cyngor cig a gwaed sy'n wagedd,
> Nid felly, clyw, mae teyrnas Dduw,
> Awch eirwir, i'w chyrraedd;
> Mae'n rhaid in ffoi o Sodom ffiedd
> Os mynnwn gariad a thrugaredd.

Anogir y gynulleidfa ymhellach:

> O! ceisiwch godi, o ffyrdd trueni trowch;
> At Grist sy'n maddau pechod,
> Mewn gwir hoff amod ffowch.

16 Ysgythriad o
Twm o'r Nant
gan yr argraffwr
Hugh Humphreys,
Caernarfon.

Nid mynegi syniadau a fu'n destun trafod yn seiadau'r
Methodistiaid yn unig a wna Twm, ond mabwysiadu
ieithwedd y mudiad yn ogystal. Rhoddir sylwedd diamwys i
feiau'r cybydd pan elwir ef yn 'hen bechadur'. Digwydd yr
unrhyw ymadrodd yn *Pedair Colofn*, a chyn y diwedd
pregethir pwysigrwydd 'adnabod ffyrdd ein calon'. Rhybuddir
rhag 'y sarff' a 'nod y bwystfil' yn *Cybydd-dod ac Oferedd*, a
cheisir argyhoeddi'r dyrfa '... nid eiff yr un i'r nefoedd ffri /
Heb gael ei aileni'n lanweth'. Egyr *Tri Chryfion Byd* â
chyfeiriadau at 'y dyn newydd' a'r 'creadur newydd' sy'n
cefnu ar y daearol ac yn troi at Dduw, a diau mai
swyddogaeth yr ymadroddion hyn yw paratoi'r gynulleidfa at
ddiweddglo anghyffredin yr anterliwt lle y disgrifir
tröedigaeth yn hytrach na marwolaeth y cybydd. Priodol nodi
nad Twm oedd y cyntaf i ddilyn y trywydd hwn. Parodd Huw
Jones, Llangwm, i'w gybydd yntau ymddiwygio yn
Protestant a Neilltuwr a luniwyd ddeng mlynedd ynghynt.
Gweithred gyntaf Gwgan Gogiwr yw diosg mantell garpiog,
flêr y cybydd ac ymdrwsio o'r newydd.

Ar un ystyr, chwaraeai Twm y ffon ddwybig. Beirniedir yr
offeiriaid ar gyfrif eu hanallu i achlesu eneidiau'r plwyfolion,
ond ar yr un gwynt dychenir y Methodistiaid hwythau. I'r
enwad hwn y perthyn Siân Ddefosiynol, y wraig fwyaf
crintach yn holl anterliwtiau Bardd y Nant. Bu hi'n gwrando
pregeth ar Gariad, ond ar ei heiddo y rhoes hi ei serch:

> Diolchwn i ni'n hunen
> Fod gennym ni eiddo i'n perchen;
> Ni gadwn i ffwrdd bob gofid ffôl
> Ac ymdrawed y bobol druen.

Mynegi'r hyn y disgwylid ei glywed a wnaeth Twm mewn
golygfeydd fel y rhain; taflu llwch i lygaid y gynulleidfa a
mynd rhagddo yn ddiedifar i boblogeiddio athrawiaeth
ganolog y Dychweledigion. Y mae lle i gredu bod arweinwyr
crefyddol ei ddydd yn prisio'r hyn a wnâi; barn cyfnod
diweddarach a fynegir gan y beirniad Caledfryn: 'Un gwall

mawr y sylwasom arno yn yr holl chwarëyddiaethau hyn, yw llusgo crefydd i blith yr ysgarthion gwaelaf. Rhoddi cymhorth i chwerthin oedd un o'r amcanion proffesedig mewn golwg yn y chwarëyddiaethau: gan hyny, dylesid gadael crefydd allan yn lân.'

Cyfetyb caneuon yr anterliwtiau i'r baledi y lluniwyd y fath doreth ohonynt yng nghwrs y ddeunawfed ganrif. Geiriau wedi eu priodi ag alawon cerddorol yw'r rhain, a'r llinellau wedi eu haddurno ag odl a phatrwm persain o gyflythrennu. Yn yr ail ganrif ar bymtheg y daeth y canu hwn i'r amlwg, ac fe'i cysylltir yn fwyaf arbennig â Huw Morys, Edward Morris ac Owen Gruffudd, y tri hyn yn gynganeddwyr rhugl, ac yn awduron cywyddau ac englynion. Er mai natur yr alaw a bennai ffurf y cerddi a lunnid—fe'u gelwid yn garolau, yn faledi ac yn gerddi rhydd cynganeddol (ar gyfrif y defnydd helaeth o'r gynghanedd sain yn fwyaf arbennig)—ymddengys mai cyfansoddiadau llenyddol oeddynt yn y lle cyntaf. Cerddi a luniwyd i'w canu yw baledi'r bedwaredd ganrif ar bymtheg ar y llaw arall, a geill fod baledi'r ddeunawfed ganrif yn cynrychioli cyfnod o drawsnewid.

Gellir awgrymu bod dau symudiad wedi cyfrannu at boblogrwydd y baledi fel cerddi i'w datgan. Yn y lle cyntaf, lluniodd Huw Morys a'i gyd-feirdd ddosbarth o faledi neu garolau i'w canu ar achlysuron megis y Nadolig a'r Pasg, a gwyddys bod yr eglwysi cyn diwedd y ddeunawfed ganrif yn cydnabod gwasanaeth y datgeiniaid ar achlysuron o'r fath fel y dynoda'r cofnod '1785 Pd. For Ale to the Carol Singers, 3/-'. Yn ail, gellid tybio i'r anterliwtiau, hwythau, hybu'r arfer o ddatgan cerddi ar amryfal bynciau. Yn yr ail ganrif ar bymtheg y lluniwyd yr anterliwtiau cynharaf y gwyddys amdanynt, ond yn y ddeunawfed y bu iddynt ennill eu plwyf. Dangoswyd bod y caneuon yn hawlio lle amlycach yn yr anterliwtiau a luniwyd yn ail hanner y ganrif. Dyrnaid o ganeuon sydd i'w gweld yn yr anterliwtiau cynnar. Y mae'r caneuon yn fwy niferus erbyn ail hanner y ganrif, a'r caneuon

unigol yn hwy. Yn eu tro, daeth nifer o'r caneuon mor
boblogaidd â'r caneuon hynny yn ein dyddiau ni a berthyn i
sioeau cerdd cyfoes. Fe'u cyhoeddwyd ar ffurf baledi, a bu
cryn werthu arnynt. Edrychai cynulleidfa'r anterliwt ymlaen
yn eiddgar at gael clywed y ffŵl yn cynghori'r merched a'r
llanciau ar gân, ac ni fydd amlder y baledi ar y pwnc hwn yn
destun syndod. Dyma gyswllt pellach rhwng y ddau gyfrwng.

Awgrymwyd mai anterliwtwyr y ddeunawfed ganrif oedd y
baledwyr mwyaf cynhyrchiol. Rhaid bod yn wyliadwrus,
fodd bynnag, wrth ddefnyddio'r ymadrodd 'baledwyr', yn
enwedig yng nghyd-destun y ddeunawfed ganrif. Byddai
baledwyr pwysicaf y ganrif ddiwethaf yn datgan ac yn
gwerthu eu gwaith eu hunain, ond ymddengys fod y swyddi
yn annibynnol yn y ddeunawfed ganrif. Nid oes tystiolaeth
fod Twm o'r Nant ac Elis y Cowper yn teithio'r wlad yn
datgan ac yn gwerthu eu gwaith. Diogelwyd 'Englyn a
wnaeth Huw Jones llangwm ynghastell y Waun o achos ir
gweision Ar Meistr ei Ddiystyru a gwawdio ei lyfrau', ond
nid yw'n dilyn mai marchnata ei faledi a wnâi ar yr achlysur
hwn. Llunio cerddi a wnâi'r beirdd hyn, a châi'r gorchwyl
hwnnw ei gyflawni ganddynt mewn dim o dro. 'Gwaith
tridie' oedd llunio'r anterliwt *Gras a Natur* i Elis y Cowper.

Awgryma agoriad nifer o'r baledi berfformiad cyhoeddus:

> Pob grâdd o Gristnogion naws inion nesewch,
> Cyffredin a Bonedd un duedd gwrandewch . . .
> Pob difyr gymdeithion, rhai mawrion a mân,
> Sy'n hoffi llawenydd gwych hylwydd a chân,
> Cydneswch i wrando drwy undeb yn llu
> Ar hanes y rhyfel a'r fatel a fu
> Rhwng gwreigan flin aflonydd ddig'wilydd gyda'i gŵr,
> Hi enillodd y clos yn hollol oddi arno, 'n siriol siŵr.

Dichon fod llawer o'r cerddi yn cael eu datgan, ond prin yw'r
dystiolaeth am y gweithgarwch hwn a'r sawl a'i cyflawnai.
Yr oedd yng Nghymru'r ddeunawfed ganrif, fodd bynnag,
haid o werthwyr baledi, a rhai ohonynt yn ffigurau tra

adnabyddus. Awgrymwyd mai gwerthu cynnyrch y wasg a wnâi'r dosbarth hwn, ac mai'r argraffwyr oedd echel y farchnad faledol, ond efallai ei bod yn bryd ystyried gweithgarwch y gwerthwyr o'r newydd. Geill fod Siôn Rhydderch, a oedd yn argraffu yn Amwythig rhwng 1715 a 1728, yn cynhyrchu baledi ar ei gost ei hun ac yn cael gan werthwyr eu dosbarthu ledled Cymru. Wedi'r cyfan, yr oedd y gŵr hwn yn fardd cynhyrchiol yn y mesurau caeth a rhydd, a gwelir yn y baledi a ddaeth o'i argraffdy enghreifftiau o'i waith ef ei hun ynghyd â cherddi rhai o brydyddion yr ail ganrif ar bymtheg, a diau mai deunydd a gofnodwyd yn y llawysgrifau a oedd yn ei feddiant oedd yr olaf.

O droi at restr J. H. Davies, gwelir bod cynifer â dau ar bymtheg, yn wŷr ac yn wragedd, wedi gwerthu'r baledi a argraffodd Siôn Rhydderch, ac er bod ambell werthwr profiadol yn eu plith—gwerthodd Rhydderch Humphreys chwech o'i faledi ynghyd â phump a argraffwyd gan Thomas Durston—sylwir hefyd mai un faled yn unig a werthai deg o blith y ddau ar bymtheg. Llyfrynnau bychain wyth tudalen oedd y baledi; eto, anodd credu y gallai Siôn ac aelodau eraill y frawdoliaeth ymddiried cyflenwad i'r gwerthwyr teithiol a ddeuai ar ei ofyn, heb sicrwydd y'u gwelid hwy, na'r arian a oedd yn ddyledus, drachefn.

Tebycach mai'r gwerthwr a ysgwyddai'r cyfrifoldeb ariannol, ac mai dyma arwyddocâd datganiad megis 'Trefriw, Argraphwyd Gan Dafydd Jones tros John James, 1777' neu 'Argraphwyd Ynghaerlleon gan T. Huxley dros Richard Roberts' neu 'Argraphwyd yn y Mwythig Gan John Rhydderch Tros William Rowland a Rhys Morgan, am hyn sydd gydgyfrannogion' ar gynifer o'r baledi. Os felly, y mae'n dilyn y byddai a wnelo'r gwerthwr â dethol y cynnyrch y mynnai ei gyhoeddi a'i farchnata. Gwir y gallai argraffwr megis Siôn Rhydderch yn negawdau cynnar y ganrif, a Dafydd Jones o Drefriw yn saithdegau ac wythdegau'r ganrif, gynorthwyo'r cyfryw trwy gynnig iddo ei waith ef ei hun, ac yr oedd gan y ddau hyn hefyd gasgliad o lawysgrifau y gellid

17 John Humphreys Davies (1871-1926), ysgolhaig, llyfryddwr ac awdur
A Bibliography of Welsh Ballads (1911).

troi atynt mewn argyfwng, ond ymddengys mai lle'r gwerthwr oedd sicrhau deunydd, a diau mai ar gais gwerthwyr fel yr uchod y lluniodd Elis y Cowper ac eraill lawer o'i faledi. Gwerthai Ann Jones bedair baled a argraffwyd gan Siôn Rhydderch, ac anodd credu nad ei dewis hi oedd rhoi lle mor amlwg i gerddi serch. Yn ôl rhestr J. H. Davies, gwerthai gŵr o'r enw John Jones bedair baled. Cyfansoddwyd chwe cherdd o blith y saith yn y pedair baled hynny gan Jonathan Hughes o Langollen. Gellid tybio y câi'r awdur ryw fath ar gydnabyddiaeth gan y gwerthwr, er mai testun digofaint i Fardd y Nant oedd 'y pennill uchod a wnaethym yn Ruabon ar y "Birth day", ac ai rhoddais i ddyn iw ddatcanu, ac ef a gadd Guinea—ni chefais i ddim'. Clywir y gwerthwr, yntau, yn cyfleu ei anniddigrwydd pan ddygid ei gynnyrch gan arall, a dyma awgrym ei fod yn synio am y faled fel ffrwyth ei lafur ac fel buddsoddiad.

Anffawd a barodd i nifer o faledwyr y bedwaredd ganrif ar bymtheg ddilyn eu galwedigaeth—yr oedd Dic Dywyll yn ddall ac Ywain Meirion yn gloff—a geill fod nifer o werthwyr baledi'r ddeunawfed ganrif wedi eu gorfodi gan eu hamgylchiadau i ddilyn trywydd cyffelyb. Yr oedd yn eu plith, fodd bynnag, werthwyr a gymerai eu gwaith o ddifrif, a chynigient i'r cyhoedd darllengar gyflenwad helaeth o gynnyrch baledol. Un o'r cyfryw oedd Evan Ellis o Lanfihangel Glyn Myfyr. Dengys rhestr J. H. Davies ddarfod argraffu cynifer â phum baled a deugain ar ei ran, a'r rheini yn cynnwys 111 o gerddi. Ceir mwy o amrywiaeth yn ei lyfrynnau cynnar a berthyn i ddiwedd y tridegau a'r pedwardegau, o safbwynt yr awduron—cyhoeddwyd gweithiau nifer o feirdd na ddiogelwyd llawer o'u cynnyrch, nifer ohonynt yn perthyn i'r ail ganrif ar bymtheg—ac o safbwynt pynciau'r baledi. Erbyn y pumdegau a'r chwedegau, y mae'r pwyslais ar faledi crefyddol, ac Evan Ellis yn pwyso yn drwm ar ddau awdur. Yn wir, lluniwyd 60 y cant o'r deunydd gan ddau faledwr adnabyddus, sef Elis y Cowper (40 cerdd) a Huw Jones (26 cerdd), ac y mae'n amlwg fod rhyw ddealltwriaeth rhwng y gwerthwr a'r ddau hyn. Yn ddiddorol iawn, ni welir un faled o'r eiddo Twm o'r Nant yn llyfrynnau Evan Ellis. Diddorol hefyd nad oes dyddiad cyhoeddi ar y rhan fwyaf o'r baledi. Tybed ai bwriad y cyhoeddwr oedd gwerthu'r deunydd dros gyfnod o sawl blwyddyn? Ni fodlonodd Evan Ellis ar werthu baledi. Gwelodd fod modd iddo elwa ar ei brofiad a chynnig deunydd mwy uchelgeisiol, a gwyddys am ddwy gyfrol o natur grefyddol a gyhoeddwyd ganddo, sef *Dull Priodas Mab y Brenin Alpha* (1758) a *Dull Priodas Ysbrydol* (1759).

Pennaf swyddogaeth y baledi oedd diddanu, a lluniwyd lliaws o gerddi ar bynciau megis serch yn ei amryfal weddau, troeon trwstan, ffasiynau cyfoes ac arferion megis yfed te. At hyn, cyflawnai'r baledwr swydd y newyddiadurwr, a chynigiai gerddi a ymdriniai â damweiniau a llofruddiaethau, trychinebau a rhyfeddodau, a digwyddiadau cyffrous megis Glaniad y Ffrancod yn Abergwaun a'r rhyfel rhwng Prydain ac America. Gwerthai Evan Ellis dair baled a ddisgrifiai hanes y daeargryn a drawodd ddinas Lisbon yn y flwyddyn 1755, ond daliodd Gwilym ap Dewi, Huw Jones, Llangwm, ac Elis y Cowper ar y cyfle i rybuddio'r gynulleidfa. Barnai'r olaf mai cosb Duw oedd y digwyddiad:

> Hi'n llawn or godinebwyr puteinwyr gwriw gydwyr,
> Tyngwyr rhegwyr cablwyr cas
> Llawn oedd hi o bob rhuw ddryge ai hawddfyd ai magase
> Am hir barhau mewn pechod yn y gwaelod Duw ai
> gwele.

Bu beirniaid diweddarach yn bur llawdrwm ar yr awduron hyn. Dyfynnodd Charles Ashton yn ei *Hanes Llenyddiaeth Gymreig* ddyfarniad Gwilym Lleyn: 'Yr oedd Hugh Jones, o Langwm, Dafydd Jones, o Drefriw, ac Elis Roberts, y *cooper*, yn gyfoeswyr, ac yn gyfeillion gwresog. Crach-brydyddion oedd y tri . . .', cyn mynd rhagddo i gynnig ei farn ei hun: 'Ond credwn os cymherir gweithiau y tri yn onest â'u gilydd, er bod peth wmbredd o yspwrial yn ngwaith y ddau flaenaf, mai y Cowper ydyw y truenusaf o lawer. Cyfansoddodd fwy o gerddi na'r un ohonynt, ond y mae yn fwy diawen a dichwaeth.' Yr hyn sy'n annisgwyl ynglŷn â'r baledi yw'r lle amlwg a roddir i rybuddio ac i foesoli, ac anodd credu, ar sail sylwadau megis yr uchod, fod y fath fri ar faledi crefyddol, ac mai dyma un o bynciau pwysicaf Elis y Cowper a Huw Jones, Llangwm. Yng ngoleuni'r ystyriaeth hon, ymddengys cenadwri ysbrydol Twm o'r Nant a'i anterliwtiau yn llai mentrus. Mewn cyfres fer o benillion yn *Pleser a Gofid*, cyfeirir wrth fynd heibio (ond heb ymhelaethu) at hanes Tŵr Babel, at y Proffwyd Elias dan y ferywen, at ddameg y deg morwyn, a chrybwyllir athrawiaeth etholedigaeth. Gwŷr a gwragedd hyddysg yn eu Beibl a wyliai'r anterliwtiau ac a brynai'r baledi.

Er bod elfen o foesoli yn yr anterliwtiau, megis yn y baledi, cyfrwng adloniant oedd y ddau yn eu hanfod. Cyflwyniad dramatig byw oedd yr anterliwt, fel y gwelwyd, a geill fod y baledi hwythau yn cael eu datgan yn gyhoeddus mewn ffeiriau a marchnadoedd. Dengys hunangofiant Twm o'r Nant fod canlyn anterliwt yn talu ar ei ganfed—'mi . . . a wneuthum *Interlute* i'w hactio rhwng dau, ac mi a ganlynais honno dros flwyddyn, ymhell ac yn agos, ac enillais lawer o arian'—ond gellid elwa hefyd trwy gyhoeddi'r gwaith. Y mae'r sylwedd a argraffwyd, ac nid oes amheuaeth na chollwyd llawer, yn tystio yn huawdl i apêl a phoblogrwydd y ddau gyfrwng trwy gydol y ddeunawfed ganrif, ac i weledigaeth a menter yr unigolion hynny a sylweddolodd fod cyfle i gyflwyno'r adloniant byw mewn diwyg mwy parhaol.

Ni fyddai hyn wedi digwydd oni bai am ddau ddatblygiad o bwys. Yn y lle cyntaf, gwelwyd sefydlu tai argraffu yn nhrefi'r gororau, ac yna, yn gynnar yn y ddeunawfed ganrif, ar dir Cymru. Ychydig o gyhoeddi a fu ar ddeunydd o natur boblogaidd yn ystod yr ail ganrif ar bymtheg am mai yn Llundain a'r ddwy dref brifysgol, Rhydychen a Chaer-grawnt, yn unig y goddefid argraffu, a phrin ei bod yn ymarferol teithio yr holl ffordd i'r mannau hynny i argraffu mân lyfrynnau baledol. Llaciwyd y ddeddf ym 1695, ac ymsefydlodd Thomas Jones yn Amwythig lle y bu'n cyhoeddi almanaciau yn ddi-fwlch hyd 1712, ynghyd ag amryfal ddeunyddiau eraill, gan gynnwys 'Pedwar math o faledau Cymraeg, yn cynnwys Ymddiddan Carwriaeth rhwng hen ŵr a merch ifanc, Ymddiddan rhwng dyn a llyffant, Cyngor i'w ystyried cyn priodi, a Ffrwyn i'r Eboles neu gystwyad i'r wraig anhyweth' a welodd olau dydd ym 1699. Dilynwyd 'Yr Almanaciwr' gan eraill megis John Rogers, Siôn Rhydderch, Thomas Durston a Stafford Prys, a daeth y dref yn ganolfan argraffu ar gyfer Cymru gyfan. Yr oedd Amwythig, a Chaer, lle y dilynai Roger Adams ei grefft, a'i wraig Elizabeth ar ei ôl, o fewn cyrraedd hwylus i'r gogledd lle y ffynnai'r faled, a manteisiwyd i'r eithaf ar y gwasanaeth newydd a gynigid.

Rhagdybia'r baledi a'r anterliwtiau cyhoeddedig boblogaeth lythrennog. Cyfeiriodd R. T. Jenkins yn ei astudiaeth *Hanes Cymru yn y Ddeunawfed Ganrif* at bedwar chwyldro a ddaeth i newid Cymru Ellis Wynne, ac ym myd addysg y digwyddodd un o'r pedwar hynny. Â Griffith Jones, Llanddowror, y cysylltir y newid olaf, a honnir ddarfod addysgu cynifer â 150,000 yn ei ysgolion cylchynol rhwng 1737 a 1761. Sicrhaodd yr ysgolion fod yng Nghymru erbyn canol y ddeunawfed ganrif liaws o ddarllenwyr y gellid dwyn perswâd arnynt i brynu deunydd o natur boblogaidd, ond yr oedd Thomas Jones eisoes wedi dangos bod galw am ddeunydd o'r math hwn. Dechreuodd ar ei yrfa fel almanaciwr hanner canrif cyn i'r gŵr o Landdowror roi ei gynllun arloesol ar waith. Nod Griffith Jones oedd galluogi ei ddisgyblion, yn blant ac yn oedolion, i ddarllen y Beibl, ac ar un ystyr, y mae'n eironig i'w ymdrechion esgor ar gyhoedd darllengar y gellid cynnig iddo ddeunyddiau mor fydol â baledi ac anterliwtiau ac almanaciau. Wedi dweud hyn, efallai fod a wnelo natur y maes llafur yn yr ysgolion cylchynol â'r gyfeiriadaeth ysgrythurol sy'n nodwedd mor amlwg ar y baledi a'r anterliwtiau, ac efallai y dylid ystyried cywair moesol diamheuol y ddau gyfrwng yng ngoleuni'r hyfforddiant ysbrydol a gynigiwyd i'r cenedlaethau o ddisgyblion.

Y mae'r ddau ddatblygiad hyn yn esbonio'r cyhoeddi helaeth a fu ar faledi ac ar anterliwtiau, ac ar y math o gynnyrch amrywiol (ac anghydnaws) a hysbysebwyd gan William Jones yn un o'i faledi: 'Argraphwyd yn y Mwythig dros W. J. gwerthwr Hanes Judas, ag Almanacs: Efengyl Nicodemus ar Catechism newydd a Hanes Mol Flanders iw ddweydydd yn Rhes a chyngor daionus ir Meinars ar Colliers.' Os yw'r sylwedd a gyhoeddwyd yn ddrych i hoenusrwydd llenyddiaeth werinol y ganrif, nid llai arwyddocaol yw ymddangosiad y cyfrolau hynny yr oedd cryn fenter ynghlwm wrth eu cyhoeddi. Awgrymwyd mai menter fasnachol ar ran y gwerthwyr oedd y baledi, a bod Evan Ellis yn gwerthu ei gynnyrch dros gyfnod o sawl blwyddyn. Yr oedd yr anterliwtiau yn fwy sylweddol, ac nid bychan o dasg oedd trefnu i argraffu llyfryn trigain tudalen a chludo'r deunydd i fan canolog. Yn Llundain yr argraffodd Huw Jones, Llangwm, ei anterliwt *Y Capten Factor*, a gwyddys iddo dreulio'r misoedd nesaf yn crwydro o blwyf i blwyf gan ddosbarthu'r llyfrau a chrynhoi'r arian a gafodd am eu gwerthu.

Ond rhoed cynlluniau mwy uchelgeisiol ar waith. Crybwyllwyd taith Jonathan Hughes i'r de i werthu ei gyfrol *Bardd a Byrddau*; mynnodd atgoffa'i ddarllenwyr fod 'Traul fawr yn mynd i'w hargraphu . . . a minneu'n cymryd y draul arna fy hun i gyd'. Bardd arall a aeth ynglŷn â chyhoeddi casgliad o'i gerddi caeth a rhydd oedd Twm o'r Nant. Aeth ati i baratoi 'llyfr caniadau; sef *Gardd o Gerddi*. Fe argraffwyd hwnnw yn Nhrefecca; mi a delais am hynny 52l., ac a ymadewais â dwy fil o lyfrau'. Gan mai ar adeg o gyni yn ei hanes y gwnaeth hyn, a chan mai ei amcan oedd elwa yn ariannol ar gorn ei fenter, gellid tybio bod Twm o gwmpas ei bethau pan aeth ati i gyhoeddi dwy fil o gopïau o'i gyfrol. Nid oes amheuaeth, fodd bynnag, nad *Blodeu-gerdd Cymry* oedd menter farddol fwyaf y ganrif. Llywiodd Dafydd Jones o Drefriw y gyfrol hon, ac iddi ragor na 550 tudalen, trwy'r wasg ym 1759, a maentumiodd iddo golli £20 o ganlyniad, er mai tueddu i amau geirwiredd Dafydd Jones a wnâi G. J. Williams, a hynny ar sail yr amcangyfrifon a baratoes Lewis Morris, ac a ddangosai elw o £63 pe gwerthid mil o gopïau. Bid a fo am hynny, ni rwystrodd y golled Ddafydd rhag ailgyhoeddi'r gwaith ymhen ugain mlynedd.

Y mae lle pwysig i Huw Jones, yntau, a gyhoeddodd yn y flwyddyn 1759 *Dewisol Ganiadau yr Oes Hon*. Yn ail ran y gyfrol gwelir 'Carolau Plygain a Cherddi Newyddion na fuant yn Argraphedig erioed or blaen', deunydd a luniwyd ganddo ef ei hun a'i gyd-faledwyr, 'yr hon sydd esmwythach a haws ei deall' na'r rhan gyntaf. Detholiad o weithiau'r beirdd caeth a gysylltid â dadeni llenyddol y ddeunawfed ganrif a welid yn y rhan honno, ac amcan Huw Jones wrth gynnig i'w ddarllenwyr rai o gywyddau, englynion ac awdlau William Wynn, Llangynhafal, Goronwy Owen, Ieuan Fardd, Rhys Jones o'r Blaenau, ac eraill, oedd dangos 'i Brydyddion Ifaingc a chymry aneallus, mor drwsgl y maent yn arferu'r Jaith, ac yn eiliaw rhigymau pen rhyddion gan ochel Cywrainddoeth athrawiaeth y dysgedigion'. Bu'r Morrisiaid a'u cyfeillion llengar yn bur llawdrwm ar awduron y baledi a'r anterliwtiau. 'Carp safnrhwth tafod-ddrwg' oedd Elis y Cowper yng ngolwg Goronwy Owen, 'nid dawn awenydd, ond dawn ymdafodi ac ymserthu'n fustlaidd, ddrewedig anaele'. Dangosodd *Dewisol Ganiadau* nad oedd y ffiniau rhwng gweithgarwch y naill ddosbarth a'r llall mor haearnaidd ag a awgrymir gan ddatganiad ysgubol Goronwy.

Ar un ystyr, y mae geiriau Huw Jones yn ei ragymadrodd yn ategu beirniadaeth y Morrisiaid ar y canu poblogaidd. Mynega anniddigrwydd ynghylch cyraeddiadau ei gyd-awduron, fel y gwna Jonathan Hughes yn ei ragymadrodd i'w gyfrol *Bardd a Byrddau*: 'fe ddweudir fod Caniadau'r oes yma 'n waeth ac yn llai eu sylwedd, na rhai'r oes a basiodd'. A gellid dadlau bod Dafydd Jones yn coleddu'r un safbwynt. Cyhoeddi gweithiau ei gyfoeswyr a wnaeth Huw Jones ym 1759, ond troi at ganu rhydd yr ail ganrif ar bymtheg a wnaeth y gŵr o Drefriw, ac er iddo gynnwys gweithiau naw

BLODEU-GERDD
C Y M R Y.

Thomas S E E *Williams*

Cafgliad o Caniadau Cymreig, gan amryw
Awdwyr ô'r oes Ddiwaethaf.

1770

Yr hwn a gynnwys Draethiadau Duwiol, a Di-
ddanol; y rhai ni fuant gyhoeddedig mewn
Argraph o'r blaen.

O Gynnulliad DAVID JONES o *Drefriw.*

Cenwch yn Gerddgar yn Scniarus, Pf. 33. 3.

Argraphwyd yn y MWYTHIG

Gan STAFFORD PRYS, tros DAFYDD JONES.

Yn y Flwyddyn MDCCLIX.

[Pris 3ſ.]

18 Wyneb-ddalen *Blodeu-gerdd Cymry* (1759) gan Dafydd Jones o Drefriw.

bardd a thrigain yn *Blodeu-gerdd Cymry*, Edward Morris,
Owen Gruffudd a Huw Morys sy'n hawlio'r lle amlycaf—yn
wir, gwelir deugain a chwech o gerddi'r olaf yn y gyfrol.
Pennaf amcan Dafydd Jones oedd 'difyrru Gomer lwyth', ond
arlwyai hefyd gerbron ei ddarllenwyr 'gywir wiw ddawn gwyr
o ddysc' a roddai iddynt 'fawr ddeunydd o addysc'. Wrth
fawrygu Huw Morys, uniaethai Dafydd Jones â gwerthoedd y
Morrisiaid. Rhestrid ymhlith y pynciau y bwriedid mynd i'r
afael â hwy yng nghyfarfodydd y Cymmrodorion 'Of the
excellent Song Writer Hugh Morris'. Ysywaeth, pechodd
Dafydd trwy gynnwys naw o'i gerddi ef ei hun rhwng cloriau
ei flodeugerdd, a mawr fu'r enllibio arno yn llythyrau'r
brodyr. Bu Huw Jones, yntau, yn gocyn hitio, ond o leiaf fe'i
canmolwyd am iddo adnabod y gwych a'r gwachul a'u cadw
ar wahân yn *Dewisol Ganiadau*.

Ymenwogodd y ddau hyn am iddynt ddarparu deunydd
poblogaidd ar gyfer cyhoedd eiddgar eu dydd. Ar yr un pryd,
cyfranogent o ddiddordebau eraill. Meddai Dafydd Jones ar
gasgliad pwysig o lawysgrifau a dynnai ddŵr i ddannedd ei
gyfaill, yr ysgolhaig Ieuan Fardd, ac yr oedd gan Dwm o'r
Nant, yntau, lawysgrifau y bu'n dda gan y Gwyneddigion eu
benthyca. Lluniodd Twm a Jonathan Hughes awdl
'Ystyriaeth ar Oes Dyn', sef testun gosod yr eisteddfod gyntaf
honno a gynhaliwyd dan nawdd y gymdeithas Lundeinig ym
1789, a phan fu farw William Wynn, Llangynhafal, canodd
Huw Jones, Llangwm, gywydd marwnad hir er coffáu'r
achlysur. Trwy lafur yr un gŵr y gwelwyd mewn print am y
tro cyntaf waith Goronwy Owen, a dilynwyd *Dewisol
Ganiadau* gan y *Diddanwch Teuluaidd* y ceid ynddo gasgliad
cynhwysfawr o ganu Goronwy a dau fardd arall o Fôn, sef
Lewis Morris a Hugh Hughes neu Huw ap Huw, y Bardd
Coch. Ffynnai'r canu gwerinol yn y ddeunawfed ganrif am
fod galw am ddeunydd o'r math hwn, ac am fod awduron
megis Twm o'r Nant, ynghyd â lliaws nas enwyd yng nghorff
yr ysgrif hon, a allai ymateb i'r galw hwnnw. Ac megis caseg
eira, cynyddu a wnâi'r gweithgarwch. Daeth gwylio anterliwt

yn adloniant poblogaidd, a manteisiwyd ar hyn trwy gyhoeddi'r testunau. Daeth bri ar ganeuon yr anterliwt; fe'u cofnodwyd at ddeunydd yr unigolyn ac fe'u cyhoeddwyd ar ffurf baledi gan werthwr-gyhoeddwr megis Evan Ellis. Yn eu tro, gallai Dafydd Jones a Jonathan Hughes fentro cyhoeddi cyfrolau swmpus megis *Blodeu-gerdd Cymry* a *Bardd a Byrddau*. Daeth newid gyda machlud y ddeunawfed ganrif. Troes nifer o olynwyr Twm o'r Nant at y capel ac eraill at yr eisteddfod, a synhwyrir mai pobl yr ymylon yw baledwyr y bedwaredd ar bymtheg lle y buasai eu rhagflaenwyr yn y ddeunawfed ganrif yn rhan o fwrlwm a roes gryn hynodrwydd i'w hoes.

DARLLEN PELLACH

G. M. Ashton, *Hunangofiant a Llythyrau Twm o'r Nant* (Caerdydd, 1964).

J. H. Davies, *A Bibliography of Welsh Ballads, Printed in the Eighteenth Century* (Llundain, 1911).

G. G. Evans, *Elis y Cowper* (Caernarfon, 1995).

G. G. Evans, 'Yr Anterliwt Gymraeg', *Llên Cymru*, I–II (1950–3).

Isaac Foulkes, *Gwaith Thomas Edwards (Twm o'r Nant)* (Lerpwl, 1874).

Rhiannon Ifans, 'Celfyddyd y Cantor o'r Nant', *Ysgrifau Beirniadol XXI*, gol. J. E. Caerwyn Williams (Dinbych, 1996).

Geraint H. Jenkins, '"Dyn Glew Iawn": Dafydd Jones o Drefriw 1703–1785', *Cadw Tŷ Mewn Cwmwl Tystion* (Llandysul, 1990).

A. Cynfael Lake, 'Evan Ellis, "Gwerthwr llyfrau a British Oil &"', *Y Traethodydd*, CXLIV, rhif 613 (1989).

Saunders Lewis, 'Twm o'r Nant', *Meistri'r Canrifoedd*, gol. R. Geraint Gruffydd (Caerdydd, 1973).

Tom Parry, *Baledi'r Ddeunawfed Ganrif* (Caerdydd, 1935).

ADDYSGWR GOLEUEDIG A CHYMRO GWLATGAR: Y PARCHEDIG HARRY LONGUEVILLE JONES (1806–70)

Huw Glyn Williams

. . . to the Rev. Harry Longueville Jones more than to any individual of the present century, Wales is indebted for what has been done for her history and antiquities . . .

Archaeologia Cambrensis, 1871

Pan fu farw'r Parchedig Harry Longueville Jones yn 63 mlwydd oed ym mis Tachwedd 1870, ychydig o sylw a roddwyd i'r digwyddiad yn y wasg Gymreig. Talwyd teyrnged hael iddo yn *Archaeologia Cambrensis* ym 1871, ond yr oedd hynny i'w ddisgwyl gan mai ef a oedd yn gyfrifol am ei sylfaenu a bu'n olygydd arno hyd ei farwolaeth. Ond ni chafwyd sôn yn y deyrnged honno am ei waith fel addysgwr. Wrth edrych yn ôl, y mae hyn yn destun syndod, ac y mae'n hen bryd rhoi lle haeddiannol iddo ymhlith rhengoedd cymwynaswyr addysgol Cymru yn y bedwaredd ganrif ar bymtheg.

Ganed Harry Longueville Jones yn Piccadilly, Llundain, ym 1806, yn fab i Edward Jones, ac yn ŵyr i'r Capten Thomas Jones, brodor o ardal Wrecsam a fabwysiadodd yr enw Longueville pan etifeddodd ran o ystad y teulu rhannol Ffrengig hwnnw a drigai ger tref Croesoswallt yn swydd Amwythig. Ei fam oedd Charlotte Elizabeth Stephens, merch o'r un ardal, a magwyd Harry ar aelwyd o Ffrainc-garwyr, rhywbeth pur anarferol ymhlith yr haen honno o gymdeithas y pryd hwnnw.

Fe'i haddysgwyd yn ysgol enwog Dr Nicholls yn Ealing, ac oddi yno aeth ymlaen ym 1824 i Goleg Sant Ioan, Caer-grawnt, ac ym 1827 i Goleg Magdalene, lle y graddiodd yn y dosbarth cyntaf mewn Mathemateg ym 1828, ac ennill ei MA ym 1832. Wedi hynny etholwyd ef yn Gymrawd ac yn Ddeon y coleg hwnnw, cyn iddo droi ei olygon at yrfa yn Eglwys Loegr. Yr oedd eisoes wedi ei urddo yn ddiacon yn esgobaeth Ely ym 1829, ac yn offeiriad yn esgobaeth Lincoln ym 1831. Bu'n gwasanaethu am gyfnod byr hefyd fel curad ym mhlwyf Conington (ger Caer-grawnt). Nid oedd wedi byw yng Nghymru, ac nid oedd unrhyw awgrym yn ei hanes cynnar y byddai'n troi yn Gymro mabwysiedig ac yn treulio oes gyfan bron yn amddiffyn Cymreictod.

Daeth tro ar fyd yn ei hanes ym 1834 pan briododd â Frances Weston, merch â'i gwreiddiau yn swydd Amwythig.

Yn unol â rheolau'r Brifysgol, ac yntau yn awr yn briod, bu'n rhaid iddo ildio ei gymrodoriaeth a'i ddeoniaeth yn y coleg. O ganlyniad bu'n bur fain arno, er i'w benderfyniad i roi cariad o flaen swydd ennyn cymeradwyaeth yr awdur Thackeray, a'i disgrifiodd mewn llythyr at ffrind fel 'an excellent, worthy, lively, accomplished fellow, whom I like the better because he flung up Fellow and Tutorship at Cambridge in order to marry on nothing a year'.

Yn lle symud i swydd gysurus yn yr Eglwys, fel y byddid wedi disgwyl iddo wneud, a threulio oes dawel yn y gorlan honno, ymfudodd Longueville Jones i Ffrainc i weithio fel newyddiadurwr gyda *Le Messagier*, un o bapurau newydd Monsieur Galignani, cyhoeddwr papurau enwocaf Ffrainc yn ei ddydd. Y mae'n bosibl fod ei gysylltiadau teuluol â Ffrainc wedi dylanwadu ar ei benderfyniad i symud yno ond, beth bynnag am hynny, bu'n gweithio yng nghwmni'r awdur Thackeray i'r papur newydd am ymron ddeng mlynedd ac am gydnabyddiaeth ddigon pitw: 'We worked in Galignani's newspaper for ten francs a day very cheerily', meddai Thackeray ym 1848.

Ar yr un pryd paratôdd argraffiad newydd o gyfeirlyfr poblogaidd Monsieur Galignani ar gyfer ymwelwyr â Pharis, sef *Galignani's Paris Guide*. O ganlyniad daeth yn gyfarwydd â phob congl bron o'r ddinas gyffrous honno, ac yn rhugl hefyd yn y Ffrangeg. Ac yntau'n ŵr ifanc llawn bywyd, yr oedd wrth ei fodd yng nghanol bwrlwm cymdeithasol Paris, a gwnaeth lawer o gyfeillion. Yn ôl Thackeray, yr oedd yn gyfaill hael a ffraeth, gonest a llawen, er na chynhesodd o gwbl at y wraig a oedd yn gofalu am y cartref ac yn fawr ei chŵyn ynghylch y baich o fagu'r pedair merch a anwyd iddo ef a'i wraig ym Mharis. Meddai Thackeray amdani: 'I own I didn't much "taste" Mrs J. Boo!'

Y mae'n amlwg fod ei waith fel newyddiadurwr wedi deffro diddordeb Longueville yn y gymdeithas o'i gwmpas, ac ysgrifennodd sawl erthygl dreiddgar ar fywyd yn Ffrainc. Yn bwysicach o ran ei yrfa bersonol, gwnaeth gysylltiadau â gwŷr

ifainc o'r un anian ag ef ei hun yn Lloegr, rhai megis William
Langton, James Heywood, J. P. Kay (a oedd ar y pryd yn feddyg
yn Ancoats, un o ardaloedd tlotaf Manceinion) ac Edwin
Chadwick (disgybl mwyaf tanbaid yr athronydd Jeremy
Bentham, a gŵr a oedd wedi ei feddiannu gan yr ysfa i
weddnewid cymdeithas ddiwydiannol a threfol ei wlad). Fwy
nag unwaith rhwng 1835 a 1842 dychwelodd Longueville o
Baris i draddodi papurau ar agweddau cymdeithasol ar fywyd
Ffrainc gerbron Cymdeithas Ystadegau Manceinion, a oedd
wedi ei sefydlu ym 1833, ychydig fisoedd cyn sefydlu'r
Gymdeithas Ystadegau yn Llundain. Nod y Gymdeithas oedd
noddi archwiliadau cymdeithasol a chasglu data ynglŷn â
natur a chyflwr y gymdeithas drefol er mwyn ei diwygio.
Enillodd y Gymdeithas fri fel arloeswr mewn cymdeithaseg
empeiraidd, a diau mai gwaith newyddiadurol Longueville
Jones a'i hysgogodd i ymddiddori yn y maes arbennig hwnnw.

Ym 1838 a 1839 darllenodd Longueville bapurau gerbron
aelodau'r Gymdeithas ar fudiad banciau cynilo yn Ffrainc ac
ar arferion bwyta dinasyddion Lyon, ac ym 1842 ar gyflwr
masnach a busnes yn Ffrainc. Ond ei bapurau ar addysg, yn
enwedig ei ddadansoddiad o gyfundrefn addysg Ffrainc (ym
1841), ynghyd â'i bapur cyntaf ym 1835 yn argymell sefydlu
prifysgol newydd ym Manceinion, a enynnodd y brwdfrydedd
mwyaf. Yn y papur hwnnw beirniadodd yr hen brifysgolion
am fethu hybu astudiaethau modern yn sgil twf gwybodaeth
newydd. Credai y dylid sefydlu Prifysgol ym Manceinion a
fyddai'n gwasanaethu'r gymdeithas a oedd yn datblygu yno
drwy noddi astudiaethau technolegol, economaidd a
chymdeithasol yn ogystal â'r clasuron a'r dyniaethau. Er ei
fod wedi derbyn urddau eglwysig, amlygodd ei ddiffyg
amynedd â chyfyngiadau crefyddol yr hen brifysgolion, gan
ddadlau y dylai'r brifysgol newydd ymwrthod yn llwyr â'r
ymgecru enwadol a oedd yn gymaint rhwystr i gynnydd
addysgol yr oes.

Cafodd ei bapur y fath groeso a dylanwad nes iddo
benderfynu aros ym Manceinion am gyfnod i geisio sefydlu

prifysgol. Er iddo fethu, bu ei syniadau yn gynsail i Owens College, coleg gwreiddiol Prifysgol Manceinion, a agorwyd ym 1857, ac a dderbyniodd ei siarter fel rhan o Brifysgol Victoria (ynghyd â cholegau Lerpwl a Leeds) ym 1873. Ar un wedd, felly, gellir ystyried Longueville Jones yn arloeswr cyntaf Prifysgol Manceinion, a chydnabyddir ei ddylanwad yn hael gan yr Athro H. B. Charlton, hanesydd swyddogol y brifysgol honno.

Wedi treulio mwy na deng mlynedd ym Mharis, ac yntau'n nesáu at ganol oed, dychwelodd Longueville Jones i Brydain ym 1845 ac ymgartrefu ym Miwmares. Dyma'r tro cyntaf erioed iddo fyw yng Nghymru. Yn niffyg unrhyw dystiolaeth bersonol, ni allwn ond dyfalu paham y dewisodd fwrw gwreiddiau yng Nghymru. Fel y gwelsom eisoes, er iddo gael ei fagu a'i addysgu yn Lloegr yr oedd ganddo gysylltiadau Cymreig. Gwyddom ei fod wedi ymweld â Chymru tua 1828–9, pan gyhoeddodd gyfrol o'r enw *Illustrations of the Natural Scenery of the Snowdonia Mountains accompanied by a description of the County of Carnarvon*. Yr oedd mentro ar daith trwy Gymru yn arfer digon cyffredin yn y cyfnod hwnnw a chyhoeddwyd sawl llyfr ar y pwnc. Efallai mai dilyn yr arfer lled gyffredin hwnnw yr oedd Longueville Jones. Ar y llaw arall, gallai ei ymweliad â gogledd Cymru fod wedi deffro ei ddiddordeb mewn hanes a hanesyddiaeth. Ni ddatblygodd y diddordeb hwn yn unionsyth, ond daeth i'r golwg pan ddewiswyd ef yn aelod o'r Comité Historique des Artes et Monuments yn Ffrainc.

Hawdd credu mai'r diddordeb hwn mewn hanes a'i denodd i hen dref hanesyddol Biwmares. Wedi ymsefydlu yno, ymddengys mai trwy gyfrannu i gylchgronau a llenwi Suliau yn eglwysi Anglicanaidd esgobaeth Bangor yr enillai ei fara, ond digon bregus oedd ei sefyllfa ariannol ac er bod ganddo ryw gymaint o incwm preifat nid ymddengys iddo erioed feithrin y ddawn o gynilo. I'r gwrthwyneb, yr oedd ei natur hael a'i ddiddordebau cymdeithasol eang yn peri ei fod yn afradus yn hytrach na darbodus â'i arian.

Ystyrid Longueville Jones yn dipyn o bolymath—yr oedd yn awdur ac yn newyddiadurwr, yn fathemategydd a chymdeithasegydd, yn arlunydd, yn ddaearyddwr, yn hanesydd ac yn hynafiaethydd. Ar un ystyr yr oedd yn gynnyrch nodweddiadol o'r Oleuadaeth, ac yn unol â hynny yr oedd ei safbwynt crefyddol yn wrthrychol, pwyllog a digyffro: fel y sawl a oedd yn perthyn i draddodiad y llydan frydwyr, yr oedd yn rhydd o dueddiadau brwdfrydig efengylaidd neu offeiriadol. Yn wir, bron na ellid dweud mai claear oedd ei safbwynt crefyddol.

Wedi ymgartrefu ym Miwmares, buan yr aeddfedodd ei ddiddordeb yn hynafiaethau Môn a chyhoeddodd nifer o erthyglau dan y teitl 'Mona Medieva' yn rhifynnau cyntaf y cylchgrawn *Archaeologia Cambrensis* a sefydlwyd ganddo ym 1846 ar y cyd â'r gŵr rhyfedd hwnnw, Ab Ithel (John Williams), a fu'n rheithor plwyf Llanymawddwy am flynyddoedd lawer. Flwyddyn yn ddiweddarach, ym mis Medi 1847, aeth y ddau ati mewn cyfarfod yn Aberystwyth i sefydlu Cymdeithas Archaeolegol y Cambrian. Ymhen byr amser, sut bynnag, achosodd eu syniadau tra gwahanol am hanes y Cymry rwyg rhyngddynt. Yn wahanol i Ab Ithel, ni allai Longueville dderbyn honiadau rhamantaidd Iolo Morganwg am y Derwyddon, ynghyd â'u hurddau a'u seremonïau. Yn wir, dangosodd cynnwys cyfrol gyntaf *Archaeologia Cambrensis* ym mis Ionawr 1846 pa mor wahanol oedd syniadau'r ddau am hanes. Tra oedd Ab Ithel yn hygoelus-ramantaidd, yr oedd Longueville Jones yn ffeithiol-wyddonol. Erbyn 1852 yr oedd y bwlch rhyngddynt wedi lledu cymaint nes i Ab Ithel benderfynu dilyn ei drywydd ei hun, gan adael Longueville i ysgwyddo'r baich trwm o gynnal y cylchgrawn fel golygydd a pherchennog.

Yr oedd yn ffodus i Gymru ei fod yn fodlon gwneud hynny oherwydd drwy ei ymdrechion ef y sicrhawyd bod astudiaethau hanesyddol y wlad yn seiliedig ar wybodaeth a thystiolaeth ffeithiol-gywir yn hytrach nag ar ofergoel a rhamant 'y cyfnos Celtaidd'. Drwy hwyluso'r ffordd i

𝕬𝖗𝖈𝖍𝖆𝖊𝖔𝖑𝖔𝖌𝖎𝖆 𝕮𝖆𝖒𝖇𝖗𝖊𝖓𝖘𝖎𝖘,

A

RECORD OF THE ANTIQUITIES

OF

WALES AND ITS MARCHES,

AND THE

Journal of the Cambrian Archaeological

Association.

VOL. I.

LONDON:

W. PICKERING, 177, PICCADILLY.

1846.

19 Wyneb-ddalen rhifyn cyntaf *Archaeologia Cambrensis* (1846).

hynafiaethwyr ifainc fel John Peters o'r Bala a Thomas
Stephens o Ferthyr Tudful, gwŷr a ddaeth yn arbenigwyr
cydnabyddedig ar hynafiaethau a llenyddiaeth gynnar y
Cymry, llwyddodd Longueville Jones i wneud *Archaeologia
Cambrensis* yn brif gylchgrawn astudiaethau hynafiaethol y
wlad, a thrwy ei ddylanwad ef hefyd yr ysbardunwyd
cylchgronau eraill fel *Y Traethodydd* i gyhoeddi erthyglau yn
yr un maes.

Yn ei flynyddoedd cyntaf, yr oedd *Archaeologia
Cambrensis* yn frith o gyfraniadau gan Longueville Jones ei
hun. Ymdriniai'r rhain ag olion cynnar ac eglwysi
canoloesol, ynghyd â mesuriadau ac engrafiadau cywrain. Ar
sail ei gyfraniad i ysgolheictod yn unig, y mae Longueville yn
haeddu coffadwriaeth ei genedl oherwydd, fel y dywedwyd
yn *Archaeologia Cambrensis* ym 1871, 'to [him] more than
to any individual of the present century, Wales is indebted
for what has been done for her history and antiquities'.

Yn ogystal â chreu hanesyddiaeth newydd, ymladdai
Longueville Jones frwydr dros urddas yr iaith Gymraeg, a'i lle
yng nghyfundrefn addysg y wlad, a thros hunaniaeth y genedl
a'i diwylliant. Nid gormodiaith fyddai dweud iddo aberthu ei
iechyd dros y genedl. Daeth ei gyfle i weithredu yn y maes
hwn ym 1848 yn sgil ei benodi yn Arolygydd Ei Mawrhydi
dros ysgolion yr eglwys yng Nghymru, penodiad a wnaed ar
awgrym Dr J. P. Kay-Shuttleworth, Ysgrifennydd Pwyllgor
Addysgol y Cyfrin Gyngor (gweinyddiaeth addysg gynharaf y
wlad), a gŵr a oedd mewn sefyllfa i fedru noddi dynion a
oedd o'r un anian ag ef ei hun yn y gwasanaeth hwnnw.

Eisoes—flwyddyn cyn hynny—yr oedd Adroddiad Addysg
1847 (Brad y Llyfrau Gleision) wedi codi nyth cacwn yng
Nghymru drwy sarhau iaith a chrefydd y Cymry, eu
hanwybodaeth affwysol a'u moesau isel honedig. Cymaint
oedd y digofaint a achoswyd—a hwnnw'n gymysg o siom a
chywilydd—nes bod ton o atgasedd wedi codi yn erbyn yr
Eglwys Anglicanaidd a phopeth eglwysig. Tri Sais eglwysig
hunandybus, sef Ralph W. Lingen, Jelinger C. Symons a

20 James Kay-Shuttleworth, Ysgrifennydd Pwyllgor Addysgol
y Cyfrin Gyngor.

Henry Vaughan Johnson, a fu'n gyfrifol am lunio'r
Adroddiadau, ac eglwyswyr hefyd oedd y mwyafrif o'u
cynorthwywyr a'r tystion a roes dystiolaeth ger eu bron. Gan
fod eu hadroddiad yn ymddangos yn ymdrech drwsgl ar ran
Eglwyswyr Seisnig i bardduo popeth Cymreig, yr oedd modd
i Ymneilltuwyr Cymru bortreadu'r Eglwys fel sefydliad
estron a gwrthnysig a oedd â'i fryd ar ladd Cymreictod a
phopeth a nodweddai hunaniaeth Cymru—ei hiaith a'i
diwylliant, cymeriad ei phobl a'i chrefydd. O ganlyniad
cipiodd yr Ymneilltuwyr gyfle godidog i'w huniaethu eu

hunain â Chymreictod, ac yn yr un modd i uniaethu'r Eglwys â phopeth a oedd yn elyniaethus i hynny.

Wrth reswm, achosodd y sefyllfa hon bryder mawr ymhlith arweinwyr mwyaf cymedrol yr Eglwys, gan gynnwys Connop Thirlwall, esgob Tyddewi, y Deon James Henry Cotton o Fangor, a Syr Thomas Phillips, maer Casnewydd. Ymhen ychydig fisoedd ffurfiwyd dirprwyaeth gref ac aethpwyd i weld Kay-Shuttleworth a'i annog i benodi Arolygwr dros ysgolion yr eglwys yng Nghymru (ar wahân i Loegr) a fyddai'n ddwyieithog ac yn sensitif i deimladau'r genedl. Er bod y dirprwywyr yn derbyn beirniadaeth y Comisiynwyr ar ansawdd ysgolion Cymru, yr oeddynt am weld penodi Arolygwr a fyddai'n creu cyfundrefn o ysgolion yr eglwys newydd ac effeithiol dan nawdd y wladwriaeth. Llawn cyn bwysiced, yn eu golwg hwy, fyddai cael athrawon trwyddedig a oedd wedi cael hyfforddiant yn un o ganolfannau hyfforddi'r Eglwys yng Nghaernarfon neu yng Ngholeg y Drindod, Caerfyrddin. At hynny, yr oedd yn ddymuniad ganddynt i'r canolfannau a'r athrawon gael eu harolygu yn flynyddol er mwyn sicrhau eu bod yn cyrraedd y nod. Yr oeddynt yn argyhoeddedig fod dyfodol addysg eglwysig yng Nghymru (ac o bosibl hygrededd yr Eglwys ei hun) yn ddibynnol ar benodiad Arolygwr a fyddai'n ymroi'n llwyr i'r gwaith ac yn ennill ymddiriedaeth yr holl bobl, gan gynnwys Ymneilltuwyr.

Ymateb Kay-Shuttleworth oedd penodi Longueville Jones i'r swydd, a thrwy hynny beri tro annisgwyl arall yn ei hanes. Gwyddai Kay-Shuttleworth fod ganddo syniadau modern am addysg, a chredai y byddai ei farn eangfrydig am grefydd yn fantais ychwanegol yn y sefyllfa anodd a oedd wedi codi yn sgil cyhoeddi'r Llyfrau Gleision. Dichon ei fod yn gwybod hefyd am ei ddiddordeb yn hanes Cymru, ac am ei enw da ymhlith yr Ymneilltuwyr a gydweithiai ag ef yng Nghymdeithas Archaeolegol y Cambrian. Yn sicr, gwyddai fod Longueville Jones wedi treulio blynyddoedd yn Ffrainc a'i fod o'r herwydd yn debyg o fod yn llai rhagfarnllyd na Sais cyffredin. Ar ben hynny gwyddai y byddai'n fwy na pharod i feirniadu'r gyfundrefn eglwysig yn ddiflewyn-ar-dafod. Y mae'n anodd gwybod, fodd bynnag, faint a wyddai am ymrwymiad Longueville Jones i'r iaith Gymraeg ac i'w lle yn ysgolion Cymru.

Buan yr amlygwyd brwdfrydedd Longueville Jones dros yr iaith yn ei Adroddiadau Blynyddol cyntaf, oherwydd wrth fynd o gwmpas ysgolion Cymru sylweddolodd mai ofer oedd ceisio dysgu plant uniaith Gymraeg drwy gyfrwng iaith estron. Yn yr Atodiadau i'w Adroddiadau Blynyddol ym 1848–50 ceir adroddiadau byr ar bob ysgol yr oedd wedi ymweld â hi, ynghyd â darlun cryno o'r sefyllfa ieithyddol ynddi. Yn groes i awgrym y Llyfrau Gleision, ymddengys nad oedd polisi unffurf ar fater yr iaith yn bodoli, a bod pob ysgol yn hytrach yn mabwysiadu ei threfn ei hun.

Mewn rhai ardaloedd—hyd yn oed ardaloedd Cymraeg fel Llangoedmor yn sir Aberteifi, lle nad oedd gan y trigolion braidd ddim Saesneg—yr oedd pwyllgor lleol yr ysgol, ynghyd â rhieni'r plant, yn mynnu na ddylid defnyddio'r Gymraeg. Tybiai llawer o rieni mai dim ond drwy ddysgu Saesneg y gellid gwella byd eu plant a dyma'r math o dystiolaeth, wrth gwrs, a ddyfynnwyd mor helaeth yn y Llyfrau Gleision. Ond mewn ardaloedd eraill, fel Merthyr Cynog yn sir Frycheiniog, er enghraifft, Cymraeg oedd iaith yr ysgol, a thybiai Longueville Jones fod hynny'n bolisi llawer mwy goleuedig ac effeithlon. O bob dull a welsai, yr un a apeliai fwyaf ato oedd yr un a ddefnyddid gan Peter George, gŵr 33 oed ac un o athrawon elusen Madam Bridget Bevan. Yn ei ysgol ef yn Llangrannog dysgid y Gymraeg a'r Saesneg gyda'i gilydd. Gwnâi ddefnydd o werslyfrau Cymraeg a rhoddai bob cyfle i'r plant feistroli'r ddwy iaith drwy beri iddynt baratoi cyfieithiadau o'r Saesneg i'r Gymraeg. Cymaint oedd edmygedd Longueville o'r dull hwn o ddysgu'r ddwy iaith ochr yn ochr â'i gilydd nes iddo argymell yn ei Adroddiadau y dylai athrawon eraill hefyd fabwysiadu'r dull a alwai yn 'Llangrannog method'.

21 'Dame Venedotia Sousing the Spies': cartŵn gan Hugh Hughes yn dangos Cymru ar ffurf hen wraig yn trochi'r comisiynwyr yn y môr.

Dyna oedd ei gyngor i athro yn Ysgol yr Eglwys Henfynyw (sir Aberteifi), lle nad oedd y plant yn deall dim Saesneg. Sylwodd fod plant ysgol Cenarth (sir Gaerfyrddin) yn gallu egluro'n rhwydd iawn iddo yn Gymraeg yr hyn a ddarllenent yn Saesneg. Trefn gyffelyb a geid yn Llanddewi Aber-arth (sir Aberteifi), lle y byddai'r plant yn adrodd Gweddi'r Arglwydd yn Gymraeg ar ddiwedd y dydd. Arferid y dull o gyfieithu hefyd mewn ysgolion yng ngogledd Cymru, megis ysgolion Llanddeusant (sir Fôn), a Llanfairfechan (sir Gaernarfon), lle'r oedd y plant yn rhugl yn y ddwy iaith. Meddai Longueville Jones am ysgol Llanddeusant, sef yr ysgol orau ym Môn yn ei dyb ef: 'The instruction is given in English and Welsh concurrently and the children understand both languages well.' Buan y gwelodd mai'r unig ffordd synhwyrol o arholi'r plant oedd trwy gyfrwng eu mamiaith, a gwnaeth hynny mewn sawl lle, gan gynnwys Llandygwydd (sir Aberteifi), a'r Betws (sir Gaerfyrddin): 'All were Welsh children', meddai, 'and I conducted the examination in Welsh.'

Dengys hyn oll fod gan Longueville Jones ryw afael ar yr iaith; y mae'n debyg iddo fynd ati i geisio ei dysgu ar ôl symud i Fiwmares, er na wyddom beth oedd safon ei Gymraeg na faint o lediaith a oedd ganddo. Gan fod ei ymwybod â hanes Cymru mor gryf, mawrygai yr iaith oherwydd ei thras hynafol ac am ei bod yn iaith bob dydd mwyafrif helaeth y bobl. Ond pleidiai ddwyieithrwydd yn yr ysgolion, a'i nod oedd gweld y Gymraeg a'r Saesneg yn ffynnu ochr yn ochr â'i gilydd. Rhagwelai Gymru lle y byddai'r ddwy iaith yn gyfartal o ran defnydd a bri. O fynd ati i fabwysiadu'r dull dwyieithog yn yr ysgolion, meddai, nid oedd unrhyw reswm paham na allai Cymru ddatblygu'n wlad lle y byddai'r ddwy iaith yn cyd-fyw'n hapus. 'Of the possibility and indeed the probability of the two languages existing side by side I . . . entertain little doubt', meddai. Credai, felly, y gellid defnyddio'r gyfundrefn addysg i greu cymdeithas ddwyieithog ac i'r perwyl hwnnw aeth ati i drafod y posibilrwydd o gynhyrchu llyfrau ysgol a fyddai'n hyrwyddo'r delfryd hwnnw. Holodd farn ieithegwyr a geiriadurwyr fel Daniel Silvan Evans, y Parchedig T. J. Hughes, a William Owen (Eglwys-fach), gwŷr y cyfeillachai â hwy yng ngweithgareddau amryfal Cymdeithas Archaeolegol y Cambrian.

Ni phetrusodd ynghylch mynegi ei syniadau am y Gymraeg ym myd addysg drwy gydol y 1850au ond, er gwaethaf ei obeithion cynnar, ni ddaeth dim ohonynt oherwydd ei wrthdrawiad ffyrnig â phenaethiaid biwrocrataidd a gwleidyddol yr Adran Addysg, sef Ralph Lingen, Ysgrifennydd Pwyllgor Addysgol y Cyfrin Gyngor ac olynydd Kay-Shuttleworth (y bu'n rhaid iddo ymddeol oherwydd afiechyd ym 1849, fisoedd yn unig ar ôl i Longueville Jones ddechrau ar ei waith), a Robert Lowe, a ddaeth yn bennaeth gwleidyddol ym 1859. Fel y dangosodd cynnwys ei Adroddiad yn y Llyfrau Gleision ym 1847, yr oedd gan Lingen ragfarn gref, bron na ellid dweud gwenwynllyd, yn erbyn y Gymraeg a phopeth Cymreig, ac yr oedd yn benderfynol o sefydlu polisi unffurf o ran iaith a phob agwedd arall ar faes llafur yr ysgolion ym mhob rhan o'r genedl-wladwriaeth Brydeinig. Nid oedd ganddo ronyn o ddiddordeb na chydymdeimlad â Chymru fel gwlad nac awydd i gwrdd â'i hangen, ac yn anorfod daeth hyn ag ef i wrthdrawiad cynnar â Longueville Jones.

Codwyd gwrychyn Lingen o'r cychwyn hefyd gan y ffaith fod Longueville Jones yn amddiffyn athrawon Cymru, athrawon a gondemniwyd mor ddidrugaredd ganddo ef a'r Comisiynwyr eraill yn y Llyfrau Gleision. Cyflwynodd Longueville ddarlun tra gwahanol ohonynt, sef gwŷr a gwragedd deallus a defnyddiol at ei gilydd, ac yn eu plith rai a chanddynt ddawn arbennig mewn pynciau megis cerddoriaeth, arlunio, neu fathemateg. Yn wir, nododd fod un neu ddau ohonynt wedi cyrraedd yr un safon â myfyrwyr Caer-grawnt yn y pynciau hynny! Yn wahanol iawn i Lingen, yr oedd yn argyhoeddedig fod y rhan fwyaf o athrawon yn ddylanwad da ac yn cael eu gwerthfawrogi yn eu broydd.

Nododd, er enghraifft, fod athrawes ysgol York Place yn
Abertawe wedi cael tysteb haeddiannol iawn yn wobr am
dros ddeng mlynedd ar hugain o wasanaeth di-dor yn y dref, a
bod athrawes ysgol fabanod Trefyclo wedi bod wrth ei gwaith
yn hynod lwyddiannus am un mlynedd ar bymtheg.
Honnodd fod gan y mwyafrif helaeth o athrawon ryw
rinweddau, fod llawer ohonynt yn gallu dysgu'n synhwyrol a
chlir, a bod eraill yn dangos cryn amynedd wrth geisio
hyfforddi plant digon anhydrin a diddisgyblaeth mewn
cymunedau gweithfaol digon garw fel Merthyr ac Aberdâr,
lle'r oedd y boblogaeth, llawer ohonynt yn Gymry Cymraeg,
megis 'an underground population . . . peculiarly rough in
habits, dirty, and much demoralized'.

Gwyddai Longueville Jones yn dda am gefndir y plant a'r
ffaith na chawsai'r mwyafrif mawr o athrawon unrhyw
hyfforddiant. Gwyddai hefyd fod prinder desgiau, byrddau
duon, lluniau, papur, a llyfrau, yn enwedig gwerslyfrau
Cymraeg yn yr ysgolion, bod yr adeiladau yn anaddas, ac nad
oedd unrhyw gymorth gan athrawon i'w galluogi i ddygymod
â phlant o bob oed a gallu. Dan yr amgylchiadau tybiai
Longueville Jones fod yr athrawon yn gwneud gwaith tra
gwerthfawr a chanmoladwy, a bod llawer ohonynt yn
cyflawni gwyrthiau. Yn ei Adroddiad byr ar ysgol Caergybi
crynhodd yr anawsterau a wynebai llawer o athrawon ledled
Cymru: 'room too small, not kept clean, bad approaches, bad
outbuildings, children dirty, coming from poor parents,
diseases of the head'.

Yr oedd bob amser yn garedig a theg, hyd yn oed wrth
feirniadu; efallai, yn wir, ei fod wedi amddiffyn braidd
gormod ar yr athrawon wrth ymateb i feirniadaeth annheg y
Comisiynwyr. Serch hynny, nododd fod rhai athrawon yn rhy
ddibrofiad, ac eraill, fel y pensiynwr rhyfel 72 oed a oedd yn
cadw ysgol ym Mryncroes (sir Gaernarfon), yn rhy hen a
musgrell. Yr oedd rhai athrawon, yn enwedig ymhlith y
merched, yn ofnus a diniwed, a dywedodd am athrawes ifanc
a oedd yn dysgu yn Llanferres yn sir Ddinbych: 'a good

PICTURES FOR THE MILLION OF WALES.--No. 3.

22 Jelinger C. Symons, un o gomisiynwyr 'Brad y Llyfrau Gleision', yn annerch disgyblion.
Cartŵn gan Hugh Hughes.

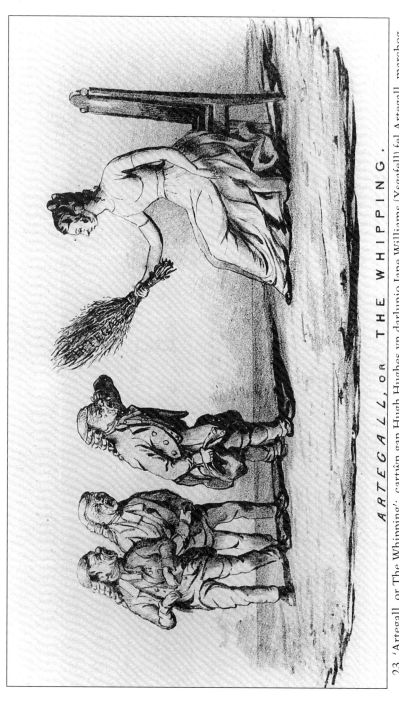

A R T E G A L L, OR **THE WHIPPING.**

23 'Artegall, or The Whipping': cartŵn gan Hugh Hughes yn darlunio Jane Williams (Ysgafell) fel Artegall, marchog cyfiawnder, yn chwipio'r comisiynwyr.

teacher, well informed, explains clearly, engaging manner and appearance', cyn ychwanegu 'but too timid and altogether out of her element in this place'. Yr oedd yn ymwybodol o'u hanawsterau a'u hanfanteision, ond yr oedd yn falch o allu dweud bod gan y rhan fwyaf ohonynt enw da ymhlith rhieni a phlant yr ysgol lle'r oeddynt yn gweithio.

Yn ôl darlun enllibus Lingen, creaduriaid anwybodus a brwnt oedd yr athrawon ac fe'u caseid gan eu disgyblion. Ond nid felly yr oedd pethau, yn ôl Longueville Jones. I'r gwrthwyneb, canfu ef deimladau serchus at athrawon mewn sawl lle, a pharodrwydd i gydnabod mai llafur cariad oedd yr alwedigaeth, oherwydd bychan iawn oedd y gyflog a delid iddynt, sef rhwng £20 a £40 y flwyddyn, a llai na £30 gan amlaf. Diau fod llawer o athrawon yn fodlon cadw ysgol am gydnabyddiaeth mor fychan am mai dyna'r unig ffordd y gallent ddilyn gyrfa a fyddai'n rhoi unrhyw fath o gyfle iddynt feithrin diddordeb ym myd dysg a llyfrau. Nododd Longueville Jones hefyd eu parodrwydd i sicrhau hyfforddiant yn y dulliau diweddaraf o ddysgu plant a threfnu ysgolion, a dangosodd fod llawer ohonynt wedi manteisio eisoes ar gyrsiau penwythnos a chyrsiau byrion eraill.

Cynhyrfwyd Longueville Jones gymaint gan honiadau di-sail Lingen am greulondeb athrawon nes iddo fynd ati i'w dosbarthu yn ôl eu heffeithiolrwydd fel disgyblwyr. O'r 161 o athrawon a welodd rhwng 1848 a 1850, yr oedd 16 yn ddisgyblwyr rhagorol, 60 yn ddisgyblwyr da, 62 yn ddisgyblwyr eithaf da, 10 yn ddisgyblwyr gweddol ('tolerable'), a dim ond 13 yn ddisgyblwyr aneffeithiol. Yn y cyd-destun hwn y mae'n werth nodi ei sylwadau ar ysgol Meidrim lle'r oedd yr athro 52 oed, tad i saith o blant, yn cadw ysgol ar gyfer 82 o ddisgyblion o bob oed, a hynny heb unrhyw gymorth a nemor ddim cyfarpar pwrpasol. Er gwaethaf yr anawsterau, yr oedd trefn dda ar yr ysgol ac awyrgylch hapus iawn ynddi hefyd. Meddai Longueville am y plant lleiaf: 'As the younger children left school they each came up to the master, he kissed them on the lips, they then put their arms round his neck and kissed him on the cheek.' Ychwanegodd am un bachgen bach: 'One little boy had been overlooked and waited in tribulation for the accustomed salute.' Darlun tra gwahanol oedd hwn i'r un a geid gan Lingen a'r Comisiynwyr eraill! Flwyddyn yn ddiweddarach, pan ddychwelodd Longueville Jones i Feidrim, yr oedd wrth ei fodd yn gweld y plant yng nghwmni'r athro: 'Having climbed the master's knee and kissed him they extended the same affectionate compliment to the Inspector.' Prin y gellid dychmygu Lingen yn ennyn y fath anwyldeb, ac nid yw'n sicr ychwaith sut y byddai Arolygwyr ein hoes oleuedig ni yn ymateb!

Ym 1923 disgrifiodd Frank Smith, cofiannydd cyntaf Kay-Shuttleworth, y Llyfrau Gleision fel achos yr erlyniad yn erbyn addysg ac athrawon Cymru yn y 1840au. Gallwn ninnau ddisgrifio Adroddiadau cynnar Longueville Jones fel yr amddiffyniad yn yr achos hwnnw. Y mae ei dystiolaeth ef yn awgrymu bod angen ailystyried gallu a chymwysterau rhai o'r athrawon a oedd yn dysgu plant gwerin Cymru yn hanner cyntaf y bedwaredd ganrif ar bymtheg. Efallai i ni fod yn rhy barod i gredu bod pob athro yn ymdebygu i Robin y Sowldiwr a bod y rhagfarn honno yn seiliedig i raddau ar gyffredinoli llym y Comisiynwyr. Hyd yn oed os nad oes coel ar dystiolaeth Longueville Jones, nid hawdd fyddai anwybyddu'r ffaith fod gwŷr megis Eben Fardd, John Thomas (Lerpwl), John Pritchard (Llangollen), David Owen (Brutus), Michael Roberts (Pwllheli) ac eraill wedi profi llwyddiant fel athrawon yn ysgolion sir Gaernarfon yn ystod y cyfnod hwnnw. Beth bynnag am hynny, afraid dweud bod Adroddiadau ffafriol Longueville Jones, yn ogystal â'i serch at y Gymraeg, wedi bod yn dân ar groen Lingen, a'i hystyriai nid yn unig yn greadur ecsentrig a phryfoclyd, ond hefyd yn un a oedd yn peryglu'r polisi o sefydlu cyfundrefn addysg unffurf Brydeinig yng Nghymru.

Ond peidied neb â chael ei gamarwain i gredu mai

rhamantydd diniwed a sentimental oedd Longueville Jones; dylid cofio ei fod yn cyfuno ei werthfawrogiad o ymdrechion athrawon Cymru, ac o'r Gymraeg a'i diwylliant, ag ymwybyddiaeth gref o bwysigrwydd dysgu pynciau ymarferol a defnyddiol. Fel yr amlygwyd eisoes gan ei syniadau ynglŷn â sefydlu prifysgol ym Manceinion, credai'n gryf y dylid cyflwyno pynciau yn yr ysgolion dyddiol a fyddai o fudd i'w disgyblion drwy eu galluogi i ennill bywoliaeth dda a phroffidiol. Pwysleisiai'n arbennig fod angen i ysgolion ddysgu morwriaeth, dylunio, ac amaethyddiaeth, ynghyd â gwaith tŷ a gwnïo i ferched. Ei gefndir mathemategol a'i ddawn fel arlunydd a oedd wrth wraidd ei ddiddordeb yn y pynciau cyntaf, a rhaid fod ei deithiau o gwmpas y wlad wedi peri iddo bryderu'n ddirfawr am ansawdd bywyd y cymunedau gweithfaol a gwledig.

Bu'r llwyddiant a brofwyd yn ysgol eglwys Caernarfon wrth ddysgu morwriaeth i'r bechgyn hynaf ac i lanciau 13–16 oed a oedd eisoes wedi treulio dwy neu dair blynedd ar y môr yn hwb sylweddol iddo. Yr oedd y disgyblion gorau yno, dan

24 Hugh Hughes (1790-1863) : arlunydd gwlad mwyaf cynhyrchiol y bedwaredd ganrif ar bymtheg yng Nghymru.

arweiniad yr athro, wedi meistroli logarithmau, trigon-
ometreg gwastad, soled a sfferoidaidd, geometreg, serydd-
iaeth a daearyddiaeth y môr, ac o ganlyniad ysbardunwyd
Longueville i sefydlu dosbarthiadau cyffelyb yn ysgolion Doc
Penfro, Y Borth ger Aberystwyth, a'r Bermo. Yr oedd ysgol Y
Borth, 'a spot where the inhabitants may be almost called
amphibians', meddai, yn feithrinfa i longwyr Aberystwyth ac
Aberdyfi, ac ysgol Y Bermo, a oedd yng ngofal athro a
chanddo un o dystysgrifau Trinity House, yn feithrinfa
hynod i rai o gapteniaid medrusaf gogledd Cymru.

Yn yr un modd yr oedd Longueville Jones yn frwd o blaid
dysgu dylunio; yr oedd y pwnc yn allweddol, meddai, i
gynnydd diwydiannol a thechnolegol. Gofidiai nad oedd
traddodiad cryf o arlunio yng Nghymru ac awgrymodd i'r
Adran Gwyddoniaeth ac Arlunio yn South Kensington y
dylid dosbarthu modelau a gwrthrychau artistig yn yr
ysgolion er mwyn i'r plant gael profiad o syllu, mesur,
dylunio a 'gwneud'. Ond gwrthodwyd ei gyngor, ynghyd â'i
awgrym y dylid sefydlu Ysgolion Dylunio pwrpasol er mwyn
hybu dylunio (a morwriaeth) yn ysgolion dyddiol Cymru.
Gwrthodwyd hefyd ei apêl am grant ychwanegol cyffredinol
o rhwng £10,000 a £12,000 i ddiwallu anghenion eraill y
wlad.

Ni chafodd fawr o lwyddiant ychwaith wrth geisio ysgogi
diddordeb mewn garddwriaeth a gwaith tŷ. Ychydig iawn o
ysgolion a ddysgai blant i drin y tir; yn wir, dim ond yn ysgol
Warren yn sir Benfro y ceisiwyd gwneud hynny o ddifrif, a
hynny oherwydd diddordeb yr Arglwydd Cawdor yn anad
dim arall. Cyfyngid y gwaith tŷ a ddysgid i ferched i ychydig
o wnïo a gwau ac yn fwyaf arbennig i drwsio a chlytio dillad.
Ni roddid fawr sylw i goginio, na thrin afiechydon, nac i
lanweithdra a glendid. Wfftiwyd at holl argymhellion
Longueville Jones yn y maes pwysig hwn.

Yn ogystal â cheisio llunio maes llafur priodol, yr oedd
Longueville Jones hefyd yn awyddus i sefydlu trefn addysg a
fyddai'n gweddu i dirwedd Cymru a natur wasgarog ei

phoblogaeth. O ganlyniad pwysodd am benodi nifer o athrawon teithiol i wasanaethu'r ardaloedd mwyaf anghysbell. Awgrymodd fwy nag unwaith y byddai trefn yn seiliedig ar ysgolion cylchynol Griffith Jones, Llanddowror, yn ateb y diben i'r dim. Nododd yr ardaloedd a allai fanteisio ar drefniant o'r fath, sef y rheini rhwng Trawsfynydd a Dolgellau a'r Bala, rhwng Goginan a Llangurig, rhwng Aberystwyth a Rhaeadr, rhwng Y Drenewydd a Bugeildy, yr ardal o gwmpas mynyddoedd y Preselau, rhwng Merthyr Tudful ac Aberhonddu, a rhwng Aberhonddu a rhostir anial yr Epynt. Yn hytrach na cheisio cynnal ysgolion sefydlog a fyddai'n sicr o fethu yn y cyfryw ardaloedd tybiai mai gwell fyddai dod â phlant at ei gilydd mewn ffermdai a thyddynnod a chyflogi athrawon, gyda chymorth disgybl athrawon, i farchogaeth merlod o'r naill le i'r llall i'w dysgu. Ond cymaint oedd ymrwymiad Lingen ac uchel swyddogion eraill yr Adran Addysg i gyfundrefn addysg unffurf a safonol ar gyfer Cymru a Lloegr fel bod holl argymhellion Longueville Jones am ystwythder trefniadol yn anathema iddynt.

Bu dyrchafiad Lingen yn ergyd drom i Longueville Jones ar ôl y cynnydd a wnaed dan ofal Kay-Shuttleworth. Fel y gwelsom, yr oedd gan Lingen ragfarn faleisus yn erbyn Cymru a'i phobl, a chafodd gryn dipyn o ryddid i weinyddu'r drefn fel unben fwy neu lai am ddeng mlynedd ar ôl 1849. Nid rhyfedd, felly, fod Llundain wedi mabwysiadu agweddau llym a thrahaus tuag at ysgolion Cymru yn ystod y cyfnod hwnnw. Ond yr oedd gwaeth i ddod yn sgil penodiad Robert Lowe yn bennaeth gwleidyddol yr Adran Addysg ym 1859, oherwydd cydsyniai ef yn llwyr â Lingen ynglŷn â'r drefn addysg y dylai'r Wladwriaeth ei noddi. Aeth y ddau ati i sefydlu patrwm o addysg elfennol unffurf, yn seiliedig ar faes llafur cyfyng ledled Cymru a Lloegr. Atgyfnerthwyd eu polisi gan argymhelliad Adroddiad Comisiwn Newcastle ym 1861 y dylai ysgolion elfennol a gâi eu cynnal gan grantiau cyhoeddus ddysgu'r tair 'R' yn effeithiol. Os oedd rhieni yn awyddus i'w plant gael arlwy addysgol amgenach, dylent dalu amdano yn y farchnad addysg rydd. Dim ond yr hanfodion a gynigid gan y Wladwriaeth.

Dynion cwbl ddigyfaddawd oedd Lingen a Lowe ac aethant ati ymhen ychydig fisoedd ar ôl cyhoeddi'r Adroddiad i saernïo Cod Diwygiedig er mwyn sicrhau na thelid unrhyw arian cyhoeddus i ysgolion oni allent brofi'n flynyddol fod gallu eu disgyblion mewn darllen, ysgrifennu a rhifo ar gynnydd. Colyn y Cod oedd fod cyflogau athrawon bellach yn ddibynnol ar gyraeddiadau'r plant yn y profion hynny, ac yn Saesneg y gweithredid hwy ym mhobman. O ganlyniad diflannodd unrhyw obaith am ledu'r cwricwlwm a chynnwys y pynciau ychwanegol yr oedd Longueville wedi ceisio eu meithrin, a diflannodd y Gymraeg fel pwnc ac fel iaith gyfathrebu yn ysgolion Cymru. Ni ellir dweud i ba raddau y diflannodd yn llwyr fel cyfrwng answyddogol i egluro geiriau Saesneg i blant uniaith Gymraeg, ond yn sicr nid oedd gan yr iaith bellach unrhyw statws swyddogol yn y cwricwlwm nac fel cyfrwng i ddysgu Saesneg yn fwy effeithiol. O fewn ychydig flynyddoedd, felly, ac er mawr ofid iddo, chwalwyd cynlluniau Longueville Jones am sefydlu trefn addysg unigryw i Gymru.

Ond nid un i laesu dwylo ydoedd. Yn wir, datblygodd yn feirniad diflewyn-ar-dafod. Wrth i'r colegau hyfforddi ddod yn rhan o drefn newydd y Cod Diwygiedig a dechrau cynhyrchu athrawon i'w weithredu, dechreuodd yntau eu beirniadu'n llym, gan gymharu'r to newydd o athrawon yn anffafriol iawn â'r rheini a ganmolwyd ganddo ef ond a bardduwyd mor llym gan Lingen a'i gyd-Gomisiynwyr ym 1847. Siom i Longueville Jones oedd parodrwydd yr athrawon i weithredu'r Cod fel defaid yn mynd trwy adwy, er ei fod yn sylweddoli nad arnynt hwy yr oedd y bai am hynny; yr oeddynt yn gaeth i'r drefn, a'r Wladwriaeth a oedd yn gyfrifol am ddiffygion y drefn honno. Ar ôl 14 mlynedd fel Arolygwr, nid oedd yn rhy swil i amddiffyn ei syniadau nac i fynegi ei farn yn blwmp ac yn blaen.

Erbyn 1862 yr oedd wedi colli pob ffydd yn Lingen, ac yn ffieiddio'r modd yr oedd ef a Lowe wedi tanseilio bwriadau gwreiddiol Kay-Shuttleworth ynglŷn â sefydlu trefn addysg briodol i Gymru. Ac yntau wedi ei ddadrithio'n llwyr, gwnaeth sylwadau diamheuol feirniadol ar bolisïau'r ddau yn ei Adroddiadau Blynyddol. Ar yr un pryd ceisiodd gan reolwyr ysgolion ac eraill yng Nghymru i bwyso am amodau arbennig ac am ystwythder polisi i gyfarfod ag anghenion arbennig y wlad, a oedd, yn ei dyb ef, yn dra gwahanol i rai Lloegr. Ym 1864 achwynodd Lingen fod Longueville Jones, drwy annog rheolwyr ysgolion, Aelodau Seneddol, ac eraill i ohebu ag ef yn bersonol, a thrwy bwyso'n gyson am 'special measures proposed for Wales', wedi ceisio dial yn bersonol arno ('a sort of personal altercation fixed upon me in the mere discharge of my executive duty').

Y gwir yw fod Lingen, erbyn y chwedegau cynnar, wedi blino'n llwyr ar Longueville Jones ac yn benderfynol o'i ddisgyblu. Daeth ei gyfle ar ôl i Lowe newid amodau cyhoeddi Adroddiadau Blynyddol yr Arolygwyr, gan fynnu mwyach na chyhoeddid unrhyw Adroddiad a oedd yn cynnwys syniadau a dynnai'n groes i bolisïau'r Adran. O ganlyniad, ym 1861 gofynnwyd i Longueville Jones newid cynnwys ei Adroddiad, a dim ond ar ôl iddo ddileu rhannau a oedd wedi tramgwyddo'r awdurdodau y cyhoeddwyd ef. Ond un cyndyn i blygu oedd Longueville Jones ac yr oedd ei Adroddiad ym 1863 yr un mor herfeiddiol. Yn eu cynddaredd, trosglwyddodd Lingen a Lowe yr Adroddiad i'r Iarll Granville, Arglwydd Lywydd y Cyngor a phennaeth cyfansoddiadol yr Adran Addysg, a gwelodd ef yn dda i geryddu Longueville Jones yn hallt:

> This Report appears to me to show much in it that is inconsistent with the Minute of January 1861 and the tone of it is not that of an official who is anxious cordially to co-operate with his official chief.

Ymhen byr amser yr oedd yr Adroddiad wedi achosi argyfwng a ddaeth â chanlyniadau gwleidyddol difrifol yn ei sgil i Lowe, ac yn fwy fyth i Longueville Jones, yn ogystal ag i blant Cymru am ddegawdau lawer.

Ysbardunwyd yr argyfwng gan y ffaith fod yr Adroddiad wedi ei ddychwelyd i Longueville Jones â rhannau ohono wedi eu marcio â phensel, yn groes i reolau'r Swyddfa. Ymgroesai'r awdurdodau rhag unrhyw ymddygiad a barai i eraill eu cyhuddo o sensro gwybodaeth. A'r berthynas rhyngddo a phenaethiaid ei Adran mor wael, a'i ofal am addysg yng Nghymru mor ddwys, penderfynodd Longueville ddangos ei Adroddiad, gyda'r sylwadau arno, i elynion gwleidyddol Lowe, sef y Tori Syr Robert Cecil, a'r Rhyddfrydwr John Walter, perchennog y *Times*. Manteisiodd y ddau ar gynnwys yr Adroddiad i godi dadl finiog yn y Senedd ar y berthynas rhwng Arolygwyr Ei Mawrhydi a'r Adran Addysg. Ac yntau'n gwybod dim am y marciau ar yr Adroddiad, gwnaeth Lowe ei sefyllfa yn waeth drwy wadu'n ffroenuchel fod unrhyw ymyrraeth yn digwydd yn achos Adroddiadau'r Arolygwyr ac, yn wir, fod hynny'n gwbl groes i'w reolau ef ei hun. Ond ar yr union adeg yr oedd Lowe ar ei draed yn y Tŷ yn gwadu'r ymyrraeth, yr oedd Cecil a Walter yn pasio Adroddiad Longueville, a'r marciau i'w gweld yn glir arno, ar hyd y meinciau cefn. Yng nghanol y dadwrdd, pasiwyd cynnig yn beirniadu'r Swyddfa'n hallt, ac ymddiswyddodd Lowe. Tybiai fod y bleidlais wedi dangos diffyg ymddiriedaeth bersonol ynddo, ac er i Palmerston, y Prif Weinidog, ac eraill geisio ei ddarbwyllo nad beirniadaeth bersonol mo'r bleidlais ond yn hytrach feirniadaeth ar gamweinyddiaeth yr Adran dan Lingen a'i gyd-swyddogion, bu Lowe yn glustfyddar i'w hapêl.

Cymaint oedd y sgandal nes i'r Tŷ benodi Pwyllgor Dethol i archwilio'r mater ymhellach ac i drafod natur y berthynas rhwng yr Arolygwyr a'r Swyddfa ar hyd y blynyddoedd, ac yn enwedig i archwilio statws Arolygwyr fel swyddogion a benodwyd dan amodau Siarter Frenhinol ond a oedd hefyd yn gyfrifol i'r Adran Addysg a'i phenaethiaid. Yn anorfod, trafodwyd achos Longueville Jones, a phrofodd Lowe a Lingen sawl munud anghysurus gerbron y Pwyllgor. Er bod Longueville wedi beirniadu'r Adran sawl gwaith yn ei

Adroddiadau blaenorol, ymddengys fod y ddau yn benderfynol o'i ddistewi wedi sefydlu'r Cod Diwygiedig er mwyn dychryn Arolygwyr eraill. Gwyddent fod mwyafrif yr Arolygwyr yn feirniadol o'r Cod ('it being quite notorious', meddai Lowe, 'that those gentlemen were opposed to me in general'), a gobeithient y byddai disgyblu Longueville Jones yn peri i Arolygwyr eraill fel Matthew Arnold fod yn fwy gochelgar. Eu pwrpas oedd sicrhau na fyddai Arolygwyr yn gweithredu fel swyddogion lled annibynnol, ond yn hytrach yn ufuddhau'n ddigwestiwn i ewyllys ac awdurdod y Swyddfa.

Ac eithrio Cecil, sut bynnag, digon di-asgwrn-cefn oedd aelodau'r Pwyllgor Dethol, a methwyd â mynd a'r maen i'r wal yn erbyn Lowe, Lingen a Granville. Buont yn ffodus, hefyd, oherwydd pan alwyd Longueville Jones i roi tystiolaeth ger eu bron, dioddefodd drawiad trwm a'i rhwystrodd rhag mynd yn ei flaen. Yn hytrach na mynd i'r afael â'i achos ef, felly, aeth y Pwyllgor rhagddo i drafod perthynas gyffredinol yr Adran a'r Arolygwyr, gan ddod i'r casgliad fod y berthynas honno at ei gilydd wedi gweithio'n bur foddhaol dros y blynyddoedd.

Cawsai Lingen a Lowe ddihangfa, ond fe'i gwnaed yn amlwg wedi hynny nad Lowe a oedd yn gyfrifol am y marciau ar Adroddiad Longueville, ac mai Lingen a'u gwnaeth. Ei fwriad, meddai, oedd tynnu sylw Granville, Arglwydd Lywydd y Cyngor, at sylwadau a oedd, yn ei dyb ef, yn annerbyniol. Nid ceisio dychryn Longueville Jones oedd ei nod, nac ychwaith ddangos iddo lle y dylai newid y testun. Ond ychydig gysur a gafodd Longueville pan ddywedodd y Pwyllgor nad oedd ganddo ddigon o dystiolaeth i fentro cyhoeddi barn derfynol yn ei achos ef.

Ond os oedd Lingen a'r Adran Addysg yn credu bod y Pwyllgor Dethol wedi rhoi rhwydd hynt iddynt i drin yr Arolygwyr fel y mynnent, buan y profwyd fel arall. Pan drafodwyd Adroddiad y Pwyllgor ar lawr y Tŷ, derbyniwyd yr argymhelliad fod Lowe yn ddieuog o amryfusedd bersonol ond gwrthodwyd y cymalau eraill. Ar gwestiwn cyffredinol y berthynas rhwng yr Arolygwyr a'r Swyddfa, yr oedd yr aelodau yn benderfynol na châi Arolygwyr Ei Mawrhydi eu trin mwyach fel gweision bach y Swyddfa. Yn hytrach, caent ryddid i ddatgan barn heb fod yn gaeth i hualau cyfyng y llywodraeth.

Ar un wedd, felly, yr oedd Longueville Jones, drwy weithredu mor ddewr, wedi achub yr Arolygwyr rhag cael eu gwasgu a'u gormesu gan wleidyddion a gweision sifil. Ond torrodd ei iechyd yn sgil ei ymdrechion arwrol o blaid hawliau addysgol pobl Cymru. Bu Cymru ar ei cholled oherwydd bu raid iddo ymddiswyddo yn sgil ei waeledd, a gwnaeth Lingen yn sicr na phenodwyd olynydd o'r un anian. Arhosodd Longueville ym Miwmares am gyfnod ar ôl ymddiswyddo, ac er ei fod wedi ei barlysu ac yn gaeth i'w gadair, ceisiodd ennill bywoliaeth drwy ysgrifennu er mwyn ymestyn y pensiwn bychan a dderbyniai gan yr Adran Addysg. Ond dirywio a wnaeth ei iechyd ac wedi dioddef trawiadau pellach symudodd gyda'i wraig a'i ddwy ferch ddibriod i Brighton, ac wedi hynny i Kensington lle'r oedd gofal meddygol amgenach wrth law. Ond nid oedd dim y gallai'r meddygon ei wneud i'w wella, a bu farw yn ddisymwth ar 7 Tachwedd 1870. Gadawodd y swm pitw o ugain punt ar ei ôl yn dyst i'r aberth a wnaethai drwy sefyll dros fuddiannau addysgol plant Cymru.

Bu methiant Longueville Jones i wireddu ei freuddwydion yn ergyd drom oherwydd petai wedi llwyddo i ddarbwyllo'r Swyddfa o anghenion unigryw Cymru byddai cyfundrefn addysg wahanol iawn wedi ei sefydlu yn ail hanner y bedwaredd ganrif ar bymtheg. Dagrau pethau yw fod Lingen, y gŵr philistaidd a chyfyng ei weledigaeth, wedi dod i'r amlwg ym 1849 ac wedi ennill cymar o gyffelyb fryd pan ddaeth Lowe yn bennaeth gwleidyddol yr Adran ddeng mlynedd yn ddiweddarach. Diflannodd unrhyw bosibilrwydd y gallai ysgolion Cymru ddilyn eu maes llafur eu hunain, ac am genedlaethau gwadwyd bod ganddynt unrhyw anghenion neilltuol. Diflannodd y Gymraeg a phob arlliw o Gymreictod wrth i gyfundrefn y tair R gael ei gorfodi ar blant drwy gyfrwng y Saesneg, ac i'w 'cynnydd' honedig gael ei fesur drwy fabwysiadu profion cwbl gamarweiniol a di-fudd. Ar yr un pryd diflannodd y pynciau ymarferol a galwedigaethol yr oedd Longueville Jones mor awyddus i'w meithrin. Bu'n rhaid disgwyl am flynyddoedd lawer cyn symud ymlaen yn nyddiau Dan Isaac Davies ac O. M. Edwards ar hyd y trywydd yr oedd Longueville wedi ei argymell hanner canrif ynghynt.

Byddwn, felly, yn meddwl am Longueville Jones fel dyn a fethodd gyflawni ei weledigaeth addysgol. Gellid honni iddo chwarae i ddwylo ei wrthwynebwyr drwy ymddwyn mor annoeth a diamynedd adeg sefydlu'r Cod Diwygiedig, ond yr oedd yn rhy ymroddedig a phenstiff i beidio â gwneud ei ddyletswydd. Gorfu iddo hefyd frwydro mewn awyrgylch grefyddol bur anffafriol; ac yntau'n Eglwyswr, methodd ennill cefnogaeth Ymneilltuwyr Cymru oherwydd bod cynnwys Brad y Llyfrau Gleision wedi peri iddynt amau a drwgdybio pob Anglican. Cododd ei agwedd ryddfrydig at grefydd a'i ddiffyg amynedd amlwg â'r gystadleuaeth enwadol a oedd yn nodwedd mor ddinistriol o fudiad addysg ei ddydd wrychyn rhai o arweinwyr ei Eglwys ei hun yn ogystal. Llwyddodd i gythruddo Alfred Ollivant, esgob Llandaf, ac aeth yn ffrae rhyngddynt. Honnodd Longueville Jones ei bod yn amhosibl gorfodi hyfforddiant grefyddol unffurf ar ysgolion Cymru, gan fod cynifer o bobl wedi cefnu ar yr Eglwys Wladol. Meddai ym 1856:

> The unhappy alienation of by far the largest portion of the Welsh people from the Church of their fathers . . . places the conscientious teacher in no small difficulty.

Daeth i'r casgliad mai addysg seciwlar oedd pennaf cyfrifoldeb yr ysgolion dyddiol ac y dylid gadael crefydd i offeiriaid a gweinidogion enwadol. Bu iddo dramgwyddo ymhellach drwy awgrymu y dylid cynnal ysgolion yr eglwys ar seiliau eangfrydig. Meddai ym 1857:

a good parochial school . . . if conducted on the principle of Christian toleration without attempts at proselytizing or converting and without abuse of Dissenters for differing from the Establishment will be supported by all Denominations of Christians and will suffice for the educational wants of the locality.

Nid oedd y cyfryw safbwynt yn rhyngu bodd yr Eglwyswyr ymosodol a milwriaethus a oedd yn ennill tir a dylanwad yn yr Eglwys ar y pryd.

Rhaid cofio hefyd nad oedd y corff newydd o athrawon trwyddedig ychwaith yn frwd o blaid Longueville Jones. Hawdd deall na allent gynhesu ato ac yntau wedi eu beirniadu mor llym. Honnodd ym 1861, er enghraifft, fod y colegau wedi cael dylanwad drwg arnynt: 'Lads whom I have known as excellent apprentices seem on emerging from the training colleges to have lost no small portion of their skill as instructors.' O ganlyniad nid oedd unrhyw gorff proffesiynol o'i blaid, a phan fu farw nid ymddangosodd unrhyw deyrnged iddo fel addysgwr yn unman.

Er gwaethaf hyn, y mae Harry Longueville Jones yn haeddu cael ei gofio fel un o arloeswyr cyntaf y mudiad addysg Gymreig a Chymraeg, fel amddiffynnydd y genedl yn erbyn enllibion y Llyfrau Gleision, fel hyrwyddwr ei hiaith a'i diwylliant, ac fel un a oedd am greu cyfundrefn addysg a fyddai'n addas i anghenion pobl Cymru. Er iddo fethu, dylid cydnabod ei weledigaeth a'i ymdrechion, a'i aberth hefyd yn sicrhau y byddai Arolygwyr ysgolion yn diogelu eu hannibyniaeth ac yn ehangu eu grym pan gâi cyfundrefn haearnaidd y Cod Diwygiedig ei llacio ymron ddeugain mlynedd yn ddiweddarach. Yr oedd yn addysgwr goleuedig ac yn Gymro gwlatgar ac, fel plant bach ysgol Meidrim ym 1850, cofleidiwn ninnau ei goffadwriaeth ar ddiwedd yr ugeinfed ganrif.

DARLLEN PELLACH

Richard D. Altick, *Victorian People and Ideas* (Llundain, 1973).

H. B. Charlton, *Portrait of a University 1851–1951* (Manceinion, 1951).

E. T. Davies, *Religion and Society in Nineteenth Century Wales* (Llandybïe, 1981).

Hywel Teifi Edwards, *Gŵyl Gwalia* (Llandysul, 1980).

F. Price Jones, *Radicaliaeth a'r Werin Gymreig yn y Bedwaredd Ganrif ar Bymtheg* (Caerdydd, 1984).

Prys Morgan, gol., *Brad y Llyfrau Gleision* (Llandysul, 1991).

B. B. Thomas, 'The Cambrians and the Nineteenth-century Crisis in Welsh Studies, 1847–1850', *Archaeologia Cambrensis*, CXXVII (1978).

Brian Simon, *Studies in the History of Education, 1780–1870* (Llundain, 1960).

Frank Smith, *The Life and Work of Sir James Kay-Shuttleworth* (Llundain, 1923).

A. H. Williams, *Cymru Oes Fictoria* (Caerdydd, 1973).

DAVID LLOYD GEORGE: Y BACHGEN HENADUR A'R CENEDLAETHOLWR CYMREIG

Emyr Price

You know I am a Welsh Nationalist of the Ellis type.
David Lloyd George

'Got a capital meeting last night, although the audiences in these semi-English districts are not comparable to those I get in the Welsh districts. Here the people have sunk into a morbid footballism.' Ceisio dwyn perswâd ar ei gyd-Ryddfrydwyr yng nghymoedd de-ddwyrain Cymru i ymuno â Chynghrair Cymru Fydd yr oedd David Lloyd George pan ysgrifennodd y sylwadau uchod at ei wraig Margaret ym mis Tachwedd 1895. Dengys y darn sut yr oedd y gêm genedlaethol Gymreig, sef rygbi, seciwlariaeth a Seisnigrwydd, hyd yn oed ganrif yn ôl, yn faen tramgwydd i Lloyd George wrth iddo arwain ymgyrch seithug mudiad Cymru Fydd i sicrhau ei brif nod, sef hunanlywodraeth ffederal i Gymru.

Cafodd Lloyd George well derbyniad yng nghymoedd mwy Cymreig de-orllewin Cymru, ond ofer fu ei holl ymdrechion i sicrhau ymreolaeth i Gymru. Hyd yn oed yng Ngwynedd yr oedd gwrthwynebiad ffyrnig i'w gynlluniau arloesol a disgynnodd ei alwadau taer ar dir caregog. Cafwyd gwrthwynebiad chwyrn, yn enwedig o du Rhyddfrydwyr Gladstonaidd, Methodistaidd megis Aelod Seneddol de sir Gaernarfon (Eifion), y Barnwr J. Bryn Roberts. Bu ef yr un mor allweddol yn tanseilio Cynghrair Cymru Fydd â'i gyfaill agos a'r gwrthwynebydd mawr yn y de i gynlluniau Lloyd George a Chynghrair Cymru Fydd, sef D. A. Thomas, Aelod Seneddol Merthyr Tudful a pherchennog glofeydd goludog.

Lloyd George, yn ddiamau, oedd ceffyl blaen Cynghrair Cymru Fydd, a oedd gyda'r pwysicaf a'r cynharaf o fudiadau gwir wleidyddol a chenedlaethol y cyfnod modern yng Nghymru. Yr oedd yn fudiad llawer mwy grymus a milwriaethus na'r un a'i rhagflaenodd yn y 1880au ac a arweinid gan Tom Ellis, Aelod Seneddol Meirionnydd. Creodd Cynghrair Cymru Fydd anghytgord rhyfeddol yn rhengoedd Rhyddfrydiaeth Gymreig ac yn uchelfannau y Blaid Ryddfrydol yn San Steffan ym 1895 a 1896. Yr oedd y ffaith mai Lloyd George oedd arweinydd y mudiad yn cadarnhau mai ef, yn anad neb, hyd yn oed Tom Ellis, oedd prif seren Cymru Fydd. Yn groes i honiadau John Grigg a W. R. P. George, nid ymroes Lloyd George o'r cychwyn cyntaf i greu gyrfa Brydeinig iddo ef ei hun. Yn hytrach, yr oedd yn genedlaetholwr digymrodedd a roddai flaenoriaeth i Gymru, gan wrthryfela yn erbyn ei blaid ef ei hun. Gwnaeth hynny ymhell cyn dyddiau Cynghrair Cymru Fydd yn y 90au, a chyn iddo gael ei ethol yn aelod o Senedd Imperialaidd Prydain Fawr ym mis Ebrill 1890.

Daeth yr ymlyniad hwn fwyfwy i'r amlwg yn ystod ei gyfnod byrhoedlog ond syfrdanol fel 'Y Bachgen Henadur' ar Gyngor newydd sir Gaernarfon ym 1889 a'i ethol yn Aelod Seneddol dros Fwrdeistrefi Caernarfon yn isetholiad nodedig Ebrill 1890. Yn ystod y cyfnod hwnnw, arddelai safbwyntiau a pholisïau a fynnai flaenoriaeth i Senedd Gymreig ond hefyd, yn fwy annisgwyl, gefnogaeth i'r iaith Gymraeg. Dangosai hynny nad rhyw ymlyniad sentimental a oedd ganddo wrth yr iaith Gymraeg ac nad fel iaith capel, iaith eisteddfod ac iaith yr aelwyd y'i hystyrid ganddo, ond yn hytrach ei fod yn argyhoeddedig y gallai hefyd fod yn iaith fodern y byd masnach a llywodraeth.

Ffwlbri yw barn haneswyr sy'n honni ei fod, o'r cychwyn cyntaf, wedi troi cefn ar ei famwlad a rhoi ei fryd ar ennill bri a grym yn San Steffan. Wedi i Gymru a Rhyddfrydwyr Cymru wrthod ei safbwyntiau blaengar ynglŷn â dyfodol Cymru ym 1896 y troes Lloyd George at San Steffan. Gwyddai erbyn hynny pa mor llugoer oedd y Cymry ynglŷn â hunanlywodraeth a'u hiaith. Cyn etholiadau'r cynghorau sir newydd, yn ystod yr ymgyrch etholiadol yn Ionawr 1889, ac yn siambr y Cyngor yn Arfon, bu'r 'Bachgen Henadur' yn llais eofn a digymrodedd dros hawliau cenedlaethol Cymru a thros statws y Gymraeg fel iaith swyddogol llywodraeth leol.

Wedi i Ddeddf Llywodraeth Leol 1888 ddod i rym, ond cyn i'r awdurdodau newydd gael eu sefydlu, yr oedd gyrfa Lloyd George wedi cyrraedd croesffordd dyngedfennol. Ac yntau ond yn dair ar hugain oed, ond yn llawn hunanhyder, serch

25 'Ein Hiaith, ein Gwlad, ein Cenedl': David Lloyd George ym 1890.

hynny, yr oedd eisoes wedi ceisio ennill ymgeisyddiaeth Ryddfrydol Meirionnydd ym 1886 yn erbyn Tom Ellis, er iddo dynnu allan o'r ras yn ddiweddarach wedi iddo sylweddoli na fyddai'n ennill yr enwebiad. Yr oedd hefyd wedi deisyfu etholaeth de Caernarfon—Eifion—ond yr oedd y sedd honno yn ddiogel ym meddiant y Rhyddfrydwr cymedrol gwrth-genedlaethol Gymreig, y Barnwr J. Bryn Roberts, er 1885.

Yr unig sedd yr oedd ganddo obaith o'i hennill oedd sedd Geidwadol bwrdeistrefi Caernarfon, a oedd yn cynnwys chwe bwrdeistref—Cricieth, Nefyn, Pwllheli, Caernarfon, Bangor a Chonwy. Yn etholiad 1886 collasai'r ysgwïer afradlon, Love Jones Parry, y sedd i Edmund Swetenham, Tori o fargyfreithiwr a thirfeddiannwr o barthau Wrecsam. Yr unig agoriad seneddol posibl i Lloyd George ym 1888, felly, oedd y sedd hon ac iddi garfan o gefnogwyr Rhyddfrydol dosbarth canol, cymedrol eu gwleidyddiaeth, yn cynnwys bwrgeisiaid ariannog fel y twrnai a'r perchennog siopau R. D. Williams, Porth-yr-aur, Caernarfon, a W. A. Darbishire, pherchennog chwareli Pen yr Orsedd a Nantlle. Yr oedd y rhain a'u cyd-Ryddfrydwyr yn gwgu ar genedlaetholdeb Cymreig ac ar unrhyw ymdrechion i symud o rigolau *laissez-faire* Rhyddfrydiaeth glasurol. Y rhain hefyd a oedd â'r llais a'r dylanwad mwyaf grymus yn yr etholaeth. Dim ond naill ai drwy orfodi'r garfan hon i sylweddoli bod rhaid newid cwrs gwleidyddiaeth i gyfeiriad radicalaidd a chenedlaethol y gallai Lloyd George gael ei ddewis yn ymgeisydd, neu ynteu drwy sicrhau lle i Ryddfrydwyr cyffelyb iddo ef yng nghynteddoedd grym Rhyddfrydiaeth yr etholaeth a'u darbwyllo i'w ddewis yn ymgeisydd. Ym 1888, felly, cysegrodd Lloyd George ei holl ddoniau a'i egni, heb sôn am driciau ac ystrywiau amheus i'w ryfeddu, i'r diben o gael ei enwebu'n ymgeisydd am sedd y Bwrdeistrefi ac ar yr un pryd i greu enw iddo ef ei hun fel prif ladmerydd y Gymru Newydd. Ymhell cyn iddo ddod yn 'Fachgen Henadur' yng Nghyngor Arfon yn Ionawr 1889, yr oedd eisoes yn

adnabyddus fel gwleidydd newydd Cymreig a ymwrthodai â'r
hen Ryddfrydiaeth.

Ym mis Ionawr 1888 sefydlodd ym Mhwllheli
wythnosolyn Cymraeg i hyrwyddo ei amcanion seneddol ac i
beri bod ei syniadau radicalaidd a chenedlaethol beiddgar yn
dderbyniol i etholwyr newydd y 1880au. Ei enw oedd *Yr
Udgorn Rhyddid* a'r bwriad oedd ei werthu yn bennaf ym
mwrdeistrefi deheuol yr etholaeth ond hefyd yn y
bwrdeistrefi gogleddol. Mewn llythyr at ei gyfaill, yr
undebwr llafur D. R. Daniel, un o'r prif gyfranddalwyr, ceir
darlun clir o nod Lloyd George:

> The paper is in a fair way to realisation. We propose
> raising a capital of say £100 and limiting our liabilities
> to that sum so as to escape the injurious consequences
> of probable libel suits. It is to be thoroughly nationalist
> and socialist—a regenerator in every respect.

Lloyd George a oedd yn gyfrifol am fathu pennawd
arwyddocaol y newyddiadur, pennawd a oedd yn dwyn i gof
derfysgoedd Rhyfel y Degwm a'r utgyrn a ddefnyddid i seinio
dyfodiad y beilïaid i arwerthiannau atafaelu. Mewn llythyr
arall a anfonodd at Daniel cyn lansio'r papur, ymbiliodd ar ei
gyfaill i ymgymryd â'r dyletswyddau golygyddol: 'Why not
Udgorn Rhyddid? Something stirring. Never mind the
bombast, if the stuff that is in it is good, as it will be, if you
undertake the editorial duties.'

Profodd *Yr Udgorn* yn erfyn allweddol iddo nid yn unig yn
ei ymgais i sicrhau ymgeisyddiaeth Bwrdeistrefi Caernarfon
erbyn 1889, ond hefyd i ledaenu ei syniadau radicalaidd a
chenedlaethol. Pan ddaeth yn 'Fachgen Henadur' rhoes y papur
gyhoeddusrwydd mawr iddo fel gwleidydd newydd yn siambr
y sir. Cyn dod yn gynghorydd sir hefyd, gwnaeth ddefnydd
cyfrwys, onid dichellgar yn wir, o'r wasg ddylanwadol yng
Nghaernarfon i hyrwyddo ei radicaliaeth a sicrhau iddo'r sedd
seneddol. Gwnaeth hyn drwy apelio ar gyfeillion fel D. R.
Daniel a Tudwal Davies, y prifardd o Aber-erch, ger Pwllheli, i

anfon llythyrau dienw i bapurau dylanwadol Cwmni'r Genedl
a Chwmni'r Herald yn ei ganmol i'r entrychion ac yn dadlau
mai ef oedd y dyn delfrydol ar gyfer Bwrdeistrefi Caernarfon.
Fel hyn y llwyddodd i berswadio D. R. Daniel i ddefnyddio'r
wasg i'w glodfori:

> Would you not write a spirited letter to the Herald or
> Genedl favouring my candidature. You know I am a
> Welsh Nationalist of the Ellis type. Have more or less
> studied the Church, the land and the temperance
> questions. Perhaps if you would do the honour of
> placing my elocutionary powers under the microscope
> of your powerful imagination, you might give a
> tolerably favourable account of my gifts of speech . . .
> Since I have come out at all, I feel bound to do my best
> to succeed, but I can only do so by means of confidential
> friends. I dare not go canvassing openly for support. It
> would injure me but my friends may do a lot for me—it
> is upon these I must rely—especially those who did
> their part in getting me out. Could you not write such a
> letter for next week's Herald (Tudwal has promised to
> write to the Genedl) he volunteered to do so . . .

Ym mis Gorffennaf 1888, yn fuan wedi'r cynllwynio amheus
hwn, ymddangosodd nifer o erthyglau ym mhapurau Y
Genedl Gymreig a'r Herald Cymraeg yng Nghaernarfon dan
y ffugenwau 'Demos' a 'Democrat' yn portreadu Lloyd
George fel y cenedlaetholwr a'r radical yr oedd y Bwrdeistrefi
yn dyheu amdano. Fel y dengys dyddiadur D. R. Daniel, ef a
Tudwal Davies oedd awduron yr erthyglau a froliai Lloyd
George i'r cymylau yn ystod y mis tyngedfennol hwnnw pan
fu llawer o drin a thrafod ar ba ymgeisydd a fyddai'n ennill
cefnogaeth bwrdeistrefi deheuol yr etholaeth.
    Nid oedd ball ar ddichell Lloyd George yn y cyfnod hwn.
Fel y tystia dyddiadur D. R. Daniel, lluniodd Lloyd George ei
hun erthyglau a'u hanfon dan ffugenw i'r Genedl Gymreig a'r
North Wales Observer and Express ym mis Gorffennaf 1888.

Pwysleisiai'r rhain yr angen i gael ymgeisydd ym Mwrdeistrefi Caernarfon a oedd yn arddel ei safbwyntiau ef. Nid oedd am ganiatáu i ddim ei rwystro rhag ennill ei le fel radical a chenedlaetholwr yng ngwleidyddiaeth sir ei faboed a'i wlad. Nid hyrwyddo ei yrfa yn *Yr Udgorn Rhyddid* yn unig a wnâi Lloyd George ond chwythu ei gorn ei hun yn gwbl ddigywilydd yn y wasg dan gochl ffugenwau. Cyn hyd yn oed ei ddyrchafu yn 'Fachgen Henadur', yr oedd yn feistr ar dactegau Machiavellaidd wrth geisio troi'r wlad i gyfeiriad 'cenedlaethol a sosialaidd'.

At hynny, ym 1888, aeth ati i sefydlu clybiau radicalaidd ledled yr etholaeth, ac arweiniodd hynny at sefydlu Clwb Rhyddfrydol nodedig Caernarfon erbyn 1889. Ond yn fwyaf oll, yr hyn a sicrhaodd gyhoeddusrwydd eang iddo ledled Cymru a'r enwebiad seneddol erbyn mis Ionawr 1889 oedd y modd meistrolgar y defnyddiodd Achos Claddu Llanfrothen— achos a gafodd sylw helaeth yn y wasg o Gaernarfon i Gaerdydd—i ennill yr ymgeisyddiaeth. Ar ôl dau wrandawiad syfrdanol ym Mhorthmadog penderfynwyd o'i blaid ef a'i gleientiaid yn yr Uchel Lys yn Llundain ym mis Rhagfyr 1888. Digwyddodd hyn rai dyddiau yn unig cyn y cyhoeddiad yn y flwyddyn newydd mai ef fyddai ymgeisydd seneddol Bwrdeistrefi Caernarfon. Yr oedd 'tribiwn y bobl' wedi cyrraedd carreg filltir nodedig yn ei yrfa.

Fodd bynnag, yr hyn a fyddai yn ei nodweddu fel cenedlaetholwr a radical Cymreig yn fwy na dim yn ystod ei yrfa gyn-Seneddol oedd yr hyn a gyflawnodd fel 'Bachgen Henadur' ar Gyngor Arfon rhwng Ionawr 1889 a'i ethol i'r Senedd yn Ebrill 1890. Cyn iddo ddod yn aelod o'r Cyngor Sir yng Nghaernarfon yr oedd eisoes, ym 1888, wedi datgan ledled gogledd Cymru pa mor allweddol oedd 'seneddau'r bobl' i hyrwyddo democratiaeth a Chymreictod. Ymgyrchodd yn frwd hefyd yn etholiadau'r Cyngor Sir yn Rhagfyr 1888 a Ionawr 1889. Yr oedd hynny yn rhan annatod o'i strategaeth, nid yn unig er mwyn sicrhau'r cam allweddol o ennill ymgeisyddiaeth seneddol ond hefyd er mwyn peri bod ei

26 Y Lloyd George ifanc gan y ffotograffydd John Thomas.

syniadau blaengar cenedlaethol a radical yn dod yn fwyfwy derbyniol i'w ddarpar etholwyr. Yn ystod y cyfnod hwn hefyd y dangosodd mai ef fyddai'r gŵr mwyaf radical a chenedlaethol yn hanes y blaid Ryddfrydol yng Nghymru.

Ffolineb yw dweud, fel y gwnaeth John Grigg yn ei gyfrol *The Young Lloyd George*, nad oedd ganddo wir ddiddordeb mewn 'Parish Pump politics'. Y gwir yw fod gwleidyddiaeth leol wedi rhoi llwyfan allweddol iddo i ledaenu ei neges newydd a chwyldroadol ar adeg dyngedfennol yn ei yrfa. Parhaodd i draethu'r neges honno tan 1896 er gwaethaf beirniadaeth lem a oedd yn peryglu ei ddyfodol fel gwleidydd. Er iddo wrthod sawl cyfle i sefyll yn etholiadau'r Cyngor Sir, bu'n siarad mewn cyfarfodydd ledled y sir ac ymhellach cyn yr etholiadau, gan geisio goleuo gwerin gwlad ynglŷn â phwysigrwydd y cynghorau newydd. Yn ystod yr ymgyrchoedd etholiadol bu hefyd yn annerch o blaid ymgeiswyr eraill, yn enwedig radicaliaid o'r un feddylfryd ag ef ei hun, gan sicrhau cyhoeddusrwydd ffafriol iddo ef yn bersonol ac ennill cefnogaeth cynghorwyr y bu yn eu cefnogi, heb sôn am sicrhau bod ei syniadau beiddgar yn dderbyniol i drwch y boblogaeth. Rhoddwyd sylw mawr yn y wasg i'w ymddangosiadau ar lwyfannau ledled gogledd Cymru yng nghwmni Thomas Gee a Tom Ellis, a'i gyflwyno gerbron y cyhoedd fel radical newydd a chenedlaetholwr Cymreig. Fel y nododd *The North Wales Observer and Express* ar derfyn yr ymgyrch, llwyddodd i ennill cefnogaeth yn ei ddarpar etholaeth i'w achos personol, heb sôn am ennill teyrngarwch cynghorwyr a oedd yn drwm yn ei ddyled:

> The County council elections have assisted to bring Mr D. Lloyd George closely in touch with his future constituents. He has been ubiquitous and not a few of the Liberal Members on the Council will owe their return to his services on the platform.

Daeth cyfle yng nghyfarfod cyntaf rhagbaratoawl y Cyngor i'r cynghorwyr Rhyddfrydol dalu eu dyled i Lloyd George drwy roi llwyfan iddo yn siambr y sir fel ymgeisydd newydd Bwrdeistrefi Caernarfon ac fel gŵr a oedd yn arddel polisïau newydd Cymru Fydd.

Fel yn achos Cymru, yr oedd gan y Rhyddfrydwyr ar Gyngor Sir Caernarfon fwyafrif sylweddol: enillwyd 32 o seddau ganddynt o'u cymharu â 16 y Ceidwadwyr. Gan i Lloyd George wneud cymaint o argraff yn yr ymgyrch etholiadol, cafodd wahoddiad i ymuno â'r cyngor newydd drwy'r drws cefn, drwy ei benodi yn Henadur. Enynnodd ei ethol yn 'Fachgen Henadur' lid y Torïaid ar y Cyngor. Protestiodd Ellis Namey, ysgwïer y Gwynfryn, Llanystumdwy, a'i wrthwyn-ebydd yn isetholiad 1890, a hefyd yr Arglwydd Penrhyn a wrthododd bleidleisio dros yr Henadur newydd, gan honni mai 'budrwaith' oedd y cyfan. Yn yr un modd, taranai *Y Gwalia*, newyddiadur Cymraeg Torïaidd y sir, yn erbyn llygredigaeth y garfan Ryddfrydol. Mawr oedd eu dicter o weld 'Bachgen Henadur' yn llywodraethu ar gyngor newydd a oedd yn honedig ddemocrataidd.

Daeth Lloyd George yn aelod o'r Cyngor, felly, yng nghanol cyhuddiadau o lygredigaeth, ond ni fennai hyn ddim arno. Yn hytrach, achubodd ar y cyfle i hyrwyddo ei bolisïau blaengar nid yn unig yn y siambr ac yn ei etholaeth ond hefyd trwy gyfrwng y wasg ymhell y tu hwnt i'r sir. Mewn blwyddyn gynhyrfus cyn iddo orfod wynebu yn annisgwyl is-etholiad ym mis Ebrill 1890, yr oedd y 'Welsh nationalist of the Ellis type' (ac efallai ei fod yn fwy o genedlaetholwr na Tom Ellis) yn barod i danio'r farn gyhoeddus yng Nghymru. Ac yntau'n gwybod bod llygad y cyhoedd ar weithgareddau'r awdurdodau newydd, creodd Lloyd George helynt mawr yn y siambr, gan ennyn cynddaredd y papurau Torïaidd.

Mewn cyfarfod enfawr yn Neuadd Hope ym mhrifddinas gogledd Cymru yn Lerpwl—cyfarfod a gafodd sylw eang yn y papurau Llundeinig—lleisiodd ei ddyheadau cenedlatholgar am obeithion yr awdurdodau newydd, a hynny cyn i gyfarfodydd swyddogol y Cyngor ddechrau ym mis Ebrill 1889. Ym marn trwch Rhyddfrydwyr Cymru, gweithred eithafol oedd honni y byddai'r Cynghorau Cymreig yn dod at ei gilydd i ffurfio Senedd Ffederal i Gymru, datblygiad a oedd yn wrthun nid yn unig i awdurdodau ei blaid ei hun yng Nghymru ond hefyd i Gladstone a'r arweinyddiaeth Ryddfrydol. Gobaith Lloyd George oedd y byddai'r awdurdodau newydd yn gweithredu fel senedd-dai sirol a fyddai'n hyrwyddo polisïau radical megis trethu'r cyfoethog, rhyddfreinio prydlesi a gwarantu'r hyn a alwai'n 'sosialaeth gymunedol', sef codi tai ar gyfer y dosbarth gweithiol ar rent teg, a darparu cyfleusterau fel rhandiroedd iddynt. Dyma syniadau beiddgar yr oedd eisoes wedi eu harddel wrth gefnogi Joseph Chamberlain yn erbyn Gladstone yn Etholiadau Cyffredinol 1885 a 1886. Erbyn 1889, yn sgil ymadawiad Chamberlain â'r Blaid Ryddfrydol, nid oedd y rhain yn bolisïau derbyniol i lawer o Ryddfrydwyr traddodiadol y Bwrdeistrefi oherwydd eu bod yn gwbl groes i syniadau clasurol *laissez-faire* y farchnad rydd Ryddfrydol. Pwysleisiodd Lloyd George yn ei araith yn Neuadd Hope y byddai'r cynghorau newydd yn diddymu unwaith ac am byth afael y tirfeddianwyr Torïaidd, Seisnig ar fywyd Cymru:

> The day of the Squire was gone, the sun of the aristocracy had set and the grand tomorrow had dawned upon Wales.

Wedi'r ergyd agoriadol hon yn ei grwsâd i ddefnyddio'r Cyngor Sir fel llwyfan i wthio'r wlad i gyfeiriad newydd cenedlaethol Cymreig, plymiodd 'Y Bachgen Henadur' ar ei ben i'r dyfroedd cynhennus yn siambr y sir. Yn ei gyfarfod agoriadol, etholwyd ef yn aelod o brif bwyllgor y Cyngor. Aelod amlwg arall o'r pwyllgor hwnnw oedd A. D. Acland, AS, a drigai yng Nghlynnog, un o radicaliaid amlycaf Prydain ac un a ddeuai yn y man yn Weinidog Addysg Rhyddfrydol. Eiliodd Lloyd George gynnig Acland y dylai'r Cyngor estyn pob cefnogaeth i fesur seneddol o blaid Rhyddfreinio'r Prydlesi er mwyn galluogi'r dosbarth gweithiol i brynu'r les ar y tir yr oedd eu tai wedi eu codi arno. Gwyddai hefyd y byddai'r mesur hwn yn tanseilio grym tirfeddianwyr yn y Gymru wledig a threfol. Dangosai ei gysylltiad ag Acland nad hyrwyddo hen bolisïau radicalaidd Ymneilltuol Cymreig yn unig a wnâi'r Lloyd George ifanc ond ei fod hefyd, mor gynnar â diwedd y 1880au, o blaid mesurau 'Y Rhyddfrydiaeth Newydd' a fyddai'n dod â budd a lles i'r dosbarth gweithiol. Cyplysai hyn oll â'r angen i sefydlu Senedd Gymreig, a phwysleisiwyd y nod hwnnw yn ei araith danbaid yn Neuadd Hope, Lerpwl. At hynny, ymgyrchai'n ddiflino o blaid yr ymgyrch i ddiddymu grym y tirfeddianwyr ac i ddatgysylltu'r Eglwys.

Ond troi at bwnc llosg y ddiod gadarn a wnaeth yn gyntaf. Mewn cyfarfod o'r Cyngor ym mis Awst 1889 cynigiodd fod angen diwygio dau gymal yn y Ddeddf Cau Tafarnau ar y Sul (1881), sef, yn gyntaf, hawl 'dyn ar ei daith' i yfed mewn tafarnau ar y Sul, ac, yn ail—mater a oedd yn poeni dirwestwyr yn ddirfawr—y dylid cau clybiau yfed ar y Sul. Gwyddai Lloyd George sut y gellid defnyddio'r ddeddfwriaeth Gymreig unigryw hon at bwrpas cenedlaethol ac i liwio'r farn gyhoeddus. Mewn araith ymfflamychol condemniodd dafarnwyr a oedd yn gwthio diod ar gwsmeriaid ar y Sul, gan honni mai dynion ar eu taith oeddynt. Mynnodd hefyd y dylid cau pob clwb a werthai ddiod ar y Sul. Nid nad oedd Lloyd George yn fodlon codi'r bys bach o bryd i'w gilydd, a hynny er iddo gymryd llw Band y Rhuban Glas y mudiad dirwestol pan oedd yn llanc ifanc. Mewn cofnod, dyddiedig 12 Awst 1882, yn y dyddiadur a gadwai pan oedd yn brentis twrnai ym Mhorthmadog, nododd yn herfeiddiol:

To Beddgelert with 1 o'clock coach—walking, fearfully hot—had my feet and face blistered—bathed them in Llyn Dinas: serving writs. Had a glass of port with police officer; had glass of beer before starting from Port with J.B.—another at Prince Llewelyn, Beddgelert and glass of port with some bread and chop at Thomas's house. So that's keeping the blue ribbon pledge grandly.

Eto i gyd, gwyddai'n dda y byddai raid iddo gerdded y llwybr cul os oedd am elwa'n wleidyddol ar bwnc llosg dirwest. Felly, er gwaethaf y ffaith ei fod yn casáu düwch piwritanaidd y Sul Cymreig, penderfynodd daro tant dirwestol a chyplysu hynny ag arwahanrwydd cenedlaethol y Sul Cymreig, gan wybod yr enillai iddo'i hun fanteision gwleidyddol sylweddol. Daeth cyfle eto iddo wneud hynny mewn ffordd syfrdanol yn ystod cyfarfod o Bwyllgor yr Heddlu a gynhaliwyd yn siambr y sir ym mis Ionawr 1890. Daeth i wrthdrawiad â Phrif Gwnstabl y sir, sef Cyrnol Ruck, tad y nofelydd Bertha Ruck, a gŵr uchel iawn ei barch ymhlith y Torïaid. Yn ei adroddiad chwarterol, yr oedd Cyrnol Ruck wedi nodi bod meddwi ar gynnydd yn y sir a bod 136 o bobl wedi eu cyhuddo o feddwdod. Nodasai hefyd mai dim ond pedwar tafarnwr a wysiwyd am gyflenwi alcohol i gwsmeriaid meddw. Achubodd Lloyd George ar y cyfle i feirniadu'r Prif Gwnstabl am ei lacrwydd yn delio â thafarnwyr, gan awgrymu yn herfeiddiol ei fod ym mhoced y Torïaid a'r bragwyr. Yn syfrdanol hefyd, mynnodd fod yr heddlu yn mynychu tafarnau yn eu dillad bob dydd, yn yfed diod sinsir yno, ac yn arestio pob tafarnwr a oedd yn troseddu drwy werthu diod gadarn i gwsmeriaid. Achosodd awgrymiadau Lloyd George i'r perwyl nad oedd yr heddlu yn gweithredu yn ddiduedd storm o brotest yn y Cyngor ac yn y wasg, ond yr oedd ef ei hun unwaith eto yn llygad y cyhoedd ac yn hybu ei ddelwedd radicalaidd, er i'w sylwadau ffromi rhai Rhyddfrydwyr cymedrol fel D. P. Williams, Llanberis. Yr oedd ef yn aelod o'r Cyngor ac yn ustus heddwch a daeth i wrthdrawiad pellach â Lloyd George yn y llysoedd barn maes o law. Yr oedd yn dacteg gan Lloyd George i ymosod ar aelodau o'r sefydliad, yn enwedig os oeddynt, yn ei dyb ef, yn Dorïaid neu'n brif gynheiliaid y drefn gymdeithasol.

Nid oedd arno ofn ychwaith ymosod ar wrthwynebwyr Torïaidd a gwrth-radicaliaid Rhyddfrydol y tu allan i furiau'r Cyngor er mwyn hyrwyddo ei ddelwedd radical a Chymreig. Ym mis Mai 1889, wrth amddiffyn nifer o chwarelwyr

27 'A Nonconformist Genius': cartŵn gan Spy.

Dyffryn Nantlle a gyhuddwyd o botsio yn Llyn Isaf Nantlle, bu geiriau croes rhyngddo a'r Capten J. G. Wynne-Griffith, Cadeirydd y Fainc a Thori lleol cyfoethog, a hefyd â'i hen elyn, D. P. Williams, Llanberis. Honnodd Lloyd George, wedi iddynt gael eu dyfarnu'n euog, fod gan y chwarelwyr hawl draddodiadol i bysgota yn ddidrwydded ar y llyn. Honnodd hefyd na chaent fyth gyfiawnder yn y fath lys, a chan ddefnyddio tacteg a fabwysiadodd mor effeithiol yn Achos Claddu Llanfrothen ym 1888, bygythiodd fynd â'r achos i Lys Uwch, gan gyhuddo'r fainc o fod yn gwbl lwgr. Galwyd Lloyd George gan *Y Gwalia* yn 'Brentis Mewn Haerllugrwydd', a honnwyd mai W. J. Parry, pleidiwr pennaf achos y chwarelwyr, oedd yr unig gynghorydd sir a gefnogodd yn gyhoeddus ei 'ymddygiad gwarthus' yn y llys. Ond dengys yr achos nodedig hwn nad oedd ganddo ofn dod i wrthdrawiad â'i elynion yn ei blaid ei hun, nac ychwaith â Thorïaid llym a oedd yn enwog am gosbi potsiars.

Yr oedd ganddo hefyd gyfraniad mwy adeiladol i'w wneud yn y Cyngor Sir. O'r cychwyn bu'n aelod o Bwyllgor Pysgodfeydd yr awdurdod. Ym mis Tachwedd 1889 cynigiodd sefydlu ar y cyd â chynghorau eraill Fwrdd Pysgota Bae Ceredigion. Yr oedd yn gryf o blaid uno awdurdodau lleol Cymru ac yr oedd hefyd yn awyddus i lywodraeth leol ymyrryd drwy roi cymorth ariannol i wella safon byw gweithwyr, gan gynnwys pysgotwyr. Gwyddai'n dda fod morwyr a physgotwyr yn garfan niferus yn etholaeth Bwrdeistrefi Caernarfon, ond y mae'n deg nodi hefyd iddo weithio'n daer o'u plaid ar hyd ei yrfa, yn enwedig yn ystod y cyfnod pan oedd yn Llywydd y Bwrdd Masnach.

Ym mis Tachwedd hefyd, daeth cyfle yn y Cyngor Sir i ddadlau'r achos o blaid sefydlu Senedd Ffederal Gymreig. Cynigiodd y dylid cefnogi galwad W. J. Parry, 'Pencampwr y Chwarelwyr', y dylai pob Cyngor Sir yng Nghymru uno, gan sefydlu Cyngor Etholedig Cymreig a fyddai'n esgor ar Senedd Ffederal i Gymru. Yn hyn o beth yr oedd yn dychwelyd unwaith yn rhagor at y safbwynt arloesol a fynegwyd ganddo yn yr araith a draddododd yn Neuadd Hope yn Lerpwl, sef y dylai Cynghorau Sir Cymru fod ar flaen y gad yn yr ymgyrch i sicrhau mesur helaeth o hunanlywodraeth i Gymru.

Digwyddodd hyn ar yr union adeg pan oedd Lloyd George a'i gyfeillion cenedlgarol ymhlith y Rhyddfrydwyr Cymreig— pobl fel R. A. Griffith (Elphin) a'r darpar Aelod Seneddol William Jones (Arfon)—yn cymell Ffederasiynau Rhyddfrydol Gogledd a De Cymru i ddod at ei gilydd i ffurfio Cyngor Cenedlaethol Cymreig ac i fynnu, fel mater o flaenoriaeth (ac yn groes i ddymuniadau mwyafrif Rhyddfrydwyr Cymru a Lloegr) hunanlywodraeth i Gymru. Lloyd George, yn ddi-os, a arweiniodd yr ymgyrch hon, a hynny bum mlynedd cyn sefydlu Cynghrair Cymru Fydd. Mewn cynadleddau tymhestlog yng Nghaernarfon ym mis Hydref 1889 ac yng Nghaerdydd ym mis Chwefror 1890, siaradodd yn huawdl ac yn eofn o blaid y polisi hwn, gan gynddeiriogi nifer mawr o Ryddfrydwyr Cymreig. Beirniadwyd ef gan Ryddfrydwyr amlwg fel Thomas Gee a'r Parchedig E. Herber Evans am gerdded cyn cropian, ac am feirniadu'n hallt Ryddfrydwyr Cymreig a oedd yn amheus o'i safbwynt cenedlaethol eithafol. Yn *Y Tyst*, papur dylanwadol yr Annibynwyr, condemniwyd ef gan Herber Evans fel 'dyn gwyllt ac eithafol', ac, yn ôl ei arfer, gwelodd y *Western Mail* yn dda i gymharu ei weithgareddau ag ymarweddiad terfysgwyr Iwerddon: 'Parnellism is the model after which Mr Lloyd George and his friends would form Home Rule—no discussion but strict obedience to the dictat of a clique.' Ond canmol a wnaeth y *South Wales Daily News*, papur Rhyddfrydol Caerdydd, wrth adrodd hanes y cyfarfod: 'The case for home rule was never more logically put than by D. Lloyd George, David Randell M.P. and W. J. Parry.' Y mae'n arwyddocaol, fodd bynnag, na chanmolwyd Lloyd George yn yr un o brif bapurau ei etholaeth; yn wir, fe'i llachiwyd yn ddidrugaredd gan y *Carnarvon and Denbigh Herald*: 'Home Rule should not be pushed forward so as to obstruct the movement for the disestablishment of the State Church and the reform of the Land Laws.' Ni sefydlwyd Cyngor

Cenedlaethol, fel y dymunai Lloyd George, ond llwyddwyd i sicrhau bod hunanlywodraeth yn bwnc llosg ledled Cymru a'i fod ef ei hun bellach yn ffigur cenedlaethol yn sgil ei gyfraniad i waith y Ffederasiynau Rhyddfrydol ac i'r Cyngor Sir.

Daeth ei ymdrech olaf i hyrwyddo ei grwsâd dros y Gymru Newydd yn y Cyngor Sir ym mis Chwefror 1890, nemor fis cyn iddo, yn gwbl annisgwyl, orfod wynebu isetholiad tyngedfennol ym Mwrdeistrefi Caernarfon, a chael ei orfodi i liniaru ei raglen radical Gymreig er mwyn ennill y dydd. Yn y cyfarfod olaf hwn iddo'i fynychu cyn ei ethol i'r Senedd, fe'i cafodd ei hun unwaith eto yng nghanol ffrae fawr a gynddeiriogodd y Torïaid ond a ddaeth â chyhoeddusrwydd mawr yn ei sgil. Wedi marwolaeth sydyn y Ceidwadwr Lloyd Edwards, ysgwïer ystad Nanhoron yn Llŷn, yr oedd sedd wag ar y Cyngor ar gyfer un henadur. O ran cwrteisi, cynigiodd y Rhyddfrydwyr mai henadur Torïaidd a ddylai lenwi'r bwlch, sef y Gwir Anrhydeddus Frederick Wynn, etifedd yr Arglwydd Niwbwrch, Glynllifon. Isaac Morris, Rhyddfrydwr o Bwllheli, a enwebwyd gan Lloyd George, fodd bynnag, a hynny'n groes i farn hyd yn oed y Rhyddfrydwyr a oedd ar y Cyngor. Pleidleisiodd y mwyafrif ohonynt yn ei erbyn a'r Ceidwadwr a orfu. Ond bu cythrwfl pan brotestiodd Lloyd George fod y papurau pleidleisio, wrth ethol Wynn, wedi eu camgyfrif. Bu ei weithred olaf yn y Cyngor Sir cyn wynebu isetholiad seneddol ym mis Ebrill 1890 mor syfrdanol â'r helynt a gafwyd flwyddyn ynghynt pan benodwyd ef ei hun trwy ddichell yn 'Fachgen Henadur'.

Nid chwarae plant nac ymarferiad mewn 'politics plwyfol', fel yr honna John Grigg yn y gyfrol *The Young Lloyd George*, oedd cyfnod Lloyd George ar Gyngor Sir Arfon, ond yn hytrach ymdrech barhaus i weddnewid gwleidyddiaeth Cymru mewn ffordd chwyldroadol. Yn y Cyngor Sir bu Lloyd George, ar adeg dyngedfennol ei yrfa, yn datgan syniadau beiddgar a pheryglus. Gallasai yn hawdd fod wedi lliniaru ei safbwyntiau cenedlaethol a radical oherwydd gwyddai y byddai raid iddo, yn hwyr neu'n hwyrach, ymladd etholiad

28 David Lloyd George gan Spy.

mewn etholaeth anodd, lle'r oedd llawer o Ryddfrydwyr yn gwrthwynebu ei ddaliadau eithafol. Ei brif nod, fodd bynnag, oedd newid cwrs gwleidyddiaeth Cymru drwy apelio at bleidleiswyr newydd a ychwanegwyd at y rhestr etholwyr ar ôl 1885. Dengys ei flaenoriaethau ar y Cyngor Sir ei fod yn genedlaetholwr ac yn radical. Fel y tystiai ei wythnosolyn, *Yr Udgorn Rhyddid*, yr oedd yn 'Nationalist and Socialist regenerator in every respect'.

Serch hynny, nid ei ddaliadau gwleidyddol, cymdeithasol ac economaidd yn unig a'i gwnaeth yn arloeswr cenedlaethol yng Nghyngor Sir Arfon ond, yn fwy syfrdanol ac yn fwy annisgwyl, ei agwedd dra phleidiol at fuddiannau'r iaith Gymraeg a'r defnydd a wneid ohoni yng ngweithgareddau'r sir. Rhaid ystyried hyn yng nghyd-destun y diffyg parch at yr iaith a oedd yn bodoli yng Nghymru'r 1880au yn yr ysgolion, ym mywyd cyhoeddus Cymru, a hyd yn oed yn y capeli. Yr oedd yr 'Inglis Côs' yn uchel ei fri, a bu Lloyd George ei hun yn dyst i rwyg enfawr a ddigwyddodd yng Nghricieth yn y 1880au pan sefydlwyd Achos Saesneg yn y capel a fynychid gan ei wraig. Felly, yr oedd penderfyniad Lloyd George i gefnogi'r iaith fel cyfrwng cyfraith a chofnod yn y Cyngor yn weithred ddewr ac amhoblogaidd. Er ei fod ef ei hun, yn ôl ffasiwn y cyfnod, gan amlaf yn gohebu â'i deulu a'i ffrindiau yn Saesneg ac yn cadw ei ddyddiadur yn yr iaith fain, ac er ei fod wedi derbyn ei addysg yn Saesneg a meistroli'r Saesneg yn gynnar iawn, eto i gyd mynnodd o'r cychwyn cyntaf nid yn unig siarad Cymraeg yn y Cyngor ond hefyd mai'r Gymraeg a fyddai prif iaith y siambr. Nid tegan mo'r famiaith, yn ei dyb ef, ond iaith yr oedd rhaid ei haddasu ar gyfer byd modern gweinyddiaeth a llywodraeth.

Ar 15 Chwefror 1889, ar drothwy gweithgarwch y Cyngor newydd, gofynnwyd iddo fynegi ei farn ar bwnc llosg y Gymraeg yn un o bapurau amlycaf Gwynedd, *The Carnarvon and Denbigh Herald*, sef 'A ddylid caniatáu cyfartalwch i'r iaith Gymraeg yng nghyfarfodydd Cyngor Sir Arfon?' Lluniodd lith rymus yn cefnogi'r iaith i'r carn, gan ddechrau fel hyn:

The Local Government Act of last year certainly does not designate the English tongue as the only one in which the proceedings of the Council should be conducted.

Aeth yn ei flaen i honni, os oedd y Ddeddf Uno yn gwahardd y Gymraeg, y dylid ei diystyru yng nghyd-destun dyfodiad y cynghorau newydd a'r oes newydd ddemocrataidd:

Whether there is some antique and long forgotten act of the Legislature proscribing the official use of the Welsh language, it is scarcely worth the Council's while to enquire. The act—if such there be extant—was intended to provide for circumstances foreign to those now in being and is so obsolete as the laws against heresy and apostasy and deserves the same respect as those antiquated laws.

Wedi wfftio'r dadleuon a restrai anawsterau cyfreithiol rhag defnyddio'r Gymraeg, aeth yn ei flaen i gyflwyno dadl gyfoes, ddemocrataidd, ar sail tegwch cymdeithasol ac effeithiolrwydd, o blaid rhoi blaenoriaeth i'r Gymraeg yn y Cyngor Sir:

Apart from any question of sentiment, the efficiency of the council requires that free permission should be given to such Councillors as prefer Welsh to express their views in that language and for the simple reason that the English language would of necessity be confined to a minority on the council.

Moreover, an unfair advantage in all debates would thus be given to such of the councillors, as are least in sympathy with the masses of the Welsh people.

Fel y dengys cymal olaf y llythyr uchod, cefnogai'r iaith am mai hi oedd iaith frodorol y mwyafrif democrataidd a eisteddai ar y Cyngor a'r etholwyr a bleidleisiodd drostynt. Nid oedd am weld y Saesneg, sef iaith y lleiafrif Torïaidd bonheddig, yn ennill blaenoriaeth ar y Cyngor. Nid oedd ychwaith am weld yr iaith yr arferid ei defnyddio cyn 1888 yn y Sesiynau Chwarter yn cael blaenoriaeth yn senedd y bobl.

Nid ar sail urddas hanesyddol, nac am resymau pur, diwylliannol y cefnogai Lloyd George y Gymraeg, ond am mai hi oedd iaith 'myrdd y bobl' ac mai'r bobl hynny a oedd mewn grym yn y cynghorau newydd. Wrth arddel y Gymraeg hefyd, yr oedd 'Mab y Bwthyn' yn dathlu diwedd goruchafiaeth yr uchelwyr Seisnig ar fywyd ei fro ef ei hun ac ar Gymru. Eto i gyd, teg dweud bod llawer o'i gyd-Ryddfrydwyr dosbarth canol, sef aelodau claear o'r Cyngor Sir, yn ddi-hid ynglŷn â thynged yr iaith.

Y mae llawer o haneswyr wedi pwysleisio pa mor ddiffygiol y bu Cymru Fydd o ran hybu buddiannau gwleidyddol yr iaith Gymraeg yn ystod y 1880au a'r 1890au. Fel y dangosodd D. Tecwyn Lloyd yn *Drych o Genedl*, rhoddwyd pwyslais ar sicrhau sefydliadau cenedlaethol fel Prifysgol Cymru, yr Amgueddfa Genedlaethol a'r Llyfrgell Genedlaethol, cyrff a oedd yn gyndyn i roi lle blaenllaw i'r Gymraeg yn eu gweinyddiaeth a'u gweithgarwch. Mawrygu'r Saesneg ar draul y Gymraeg a wneid yn yr ysgolion a'r colegau, a thrwy gyfrwng y Saesneg, yn amlach na pheidio, y dysgid y Gymraeg. Ym mudiad Cynghrair Cymru Fydd ei hun, hyd yn oed ym 1895–6, rhoddid y pwyslais ar faterion cymdeithasol ac economaidd yn hytrach na rhai diwylliannol, ac nid rhyfedd fod pobl fel O. M. Edwards wedi ceisio troi Cymru Fydd yn fudiad diwylliannol yn unig. Ond y mae'n bwysig cofio bod Lloyd George wedi mynnu lle cyfartal i'r iaith yng ngweithgareddau'r mudiad ac wedi dadlau y dylai Senedd Gymreig ddefnyddio'r Gymraeg a phenodi swyddogion cyhoeddus dwyieithog ledled Cymru. Iddo ef a Chynghrair Cymru Fydd, yr oedd cyfiawnder i'r iaith cyn bwysiced â'r pwyslais a roddid ganddynt ar gydraddoldeb i ferched ac ar hawliau'r dosbarth gweithiol, a'u gobaith oedd y byddai Senedd Ffederal Gymreig yn gallu deddfu ar y materion hyn.

Yn ei ymwneud â Chyngor Sir Caernarfon a Chymru Fydd, yr oedd Lloyd George yn awyddus i dorri tir newydd yn hanes y Gymraeg drwy ei hybu fel cyfrwng hollol naturiol a modern. Yr oedd cyfiawnder i'r iaith yn rhan annatod o'r hyn a ystyriai ef yn ddeffroad cenedlaethol yn y cyfnod. Er hynny, ni weithredwyd ei amcanion yng ngweinyddiad y Cyngor, er i rai aelodau siarad yn Gymraeg yn y siambr pan wrthodwyd cais Cyngor Sir Meirionnydd ym 1891 i weinyddu'r Cyngor yn ddwyieithog. Eto i gyd, dangosodd safiad Lloyd George, tra oedd yn gynghorwr gweithredol ym 1889 ac 1890, nad addurn oedd y Gymraeg iddo ond iaith a chanddi hawliau a swyddogaeth weinyddol a llywodraethol. Y mae'r farn hon yn groes i'r hyn a ddywedwyd gan lawer o haneswyr ynglŷn ag agwedd Lloyd George at yr iaith Gymraeg. Y maent wedi ceisio ei bortreadu fel gŵr a chanddo agwedd sentimental at yr iaith—iaith ei fabandod, iaith y capel a'r bwthyn, iaith yr aelwyd ac iaith yr Eisteddfod—fel petai'r iaith honno i'w chyfyngu i feysydd traddodiadol a chaeedig. Yn y gyfrol *Cwm Rhondda*, wrth sôn am araith Lloyd George yn Eisteddfod Genedlaethol Treorci ym 1928, y mae'r Athro Hywel Teifi Edwards yn llym ei feirniadaeth arno oherwydd iddo fynnu yno fod y Gymraeg yn ddiogel yn ei lle priodol ar yr aelwyd ac ar faes yr Eisteddfod, ond nid ym myd masnach a busnes. 'I Lloyd George, yr oedd ei famiaith yn iaith garedig, iaith gynnes, iaith calon . . . iaith pethau dyfnaf a thyneraf bywyd, iaith y cyfrinion, yr encilion, y dirgelion.'

Gwir y gallai Lloyd George ramantu yn yr Eisteddfod Genedlaethol am y Gymraeg fel iaith yr aelwyd, ond teg cofio ei fod, hefyd, yn ystod Eisteddfodau Cenedlaethol y 1890au, wedi datgan yn glir y dylai'r Saesneg gael ei dileu oddi ar Faes yr Eisteddfod. Wrth gwrs, wedi iddo heneiddio a gadael Cymru, yr oedd sentiment ar adegau yn drech na realaeth. Ceir, efallai, elfen o wir yn honiadau yr Athro Kenneth O. Morgan am agwedd Lloyd George at yr iaith a'r diwylliant Cymraeg:

THE ARCH-DRUID OF DOWNING STREET.

A Musical Correspondent at the Eisteddfod writes.—" Mr. Lloyd George then obliged with
' *Land of My Fathers.*' The Chancellor of the Exchequer, in his rendition of the famous Land
song, gave its full site value to every note."

[September 21, 1910.]

29 'The Archdruid of Downing Street' gan Mr. Punch.

DO NOT HESITATE TO
HOOT AT THE PIANIST.
HE THRIVES ON IT.

THE GREAT IMPROVISER.

[June 9, 1920.]

30 'The Great Improviser' gan Mr. Punch.

Lloyd George had relatively scant concern with Welsh literary or musical culture, other than the lusty singing of Welsh hymns. Nor did he have any particular involvement with the moves to protect the Welsh language—although it should be said that Lloyd George in this respect was typical of virtually every Liberal of his time since there was not the same anxiety about 'the fate of the language' of the kind that emerged in the inter-war period. Lloyd George's approach to Welsh culture was genuine enough, but it was the result of knowledge gained by upbringing, personal contact and conversation. It was instinctive and intuitive, rather than intellectual. At times, it was even sentimental.

Y mae elfen o wir yn y gosodiad hwn, ond yn ystod ei flynyddoedd cynnar fel gwleidydd yr oedd i'r iaith swyddogaeth hanfodol yn ei genedlaetholdeb Cymreig, fel y gwelir yn ei safiad arbennig drosti yng Nghyngor Arfon ac yn ei sylwadau deifiol at ei wraig ym 1895 ynglŷn â'r derbyniad oeraidd a gawsai Cymru Fydd yn ne-ddwyrain Cymru, ardal lle'r oedd yr iaith, yn ei dyb ef, ar drai a'r balchder cenedlaethol wedi ei gyfyngu i ddiddordeb afiach mewn rygbi. Yr oedd y Gymraeg a'i pharhad yn bwysig iddo ac, yn dra gwahanol i lawer o Ryddfrydwyr a hoelion wyth Ymneilltuaeth Gymreig, mynnodd fagu ei blant yn Gymry Cymraeg. Hefyd, ym 1936, ymatebodd yn ffyrnig pan symudwyd yr achos llys yn erbyn Saunders Lewis, D. J. Williams a Lewis Valentine am losgi'r Ysgol Fomio ym Mhenyberth i'r Old Bailey, nid yn unig oherwydd ei fod yn credu y byddai rheithgor Saesneg yn rhagfarnllyd ond oherwydd na châi'r tri bledio eu hachos yn Gymraeg. Er ei fod yn casáu cenedlaetholdeb y Blaid Genedlaethol ac yn anghymeradwyo gweithred y tri, mynegodd ei farn yn ddiflewyn-ar-dafod mewn llythyr a anfonwyd o Jamaica:

This is the first government that has tried Wales at the Old Bailey. I wish I were there and I certainly wish I

were 40 years younger. I should be prepared to risk a
protest which would be a defiance. If I were Saunders
Lewis, I would not surrender at the Old Bailey; I would
insist on their arresting me.

Bu Lloyd George hefyd yn flaenllaw yn yr ymgais yn
Eisteddfod Genedlaethol Machynlleth ym 1937 i fraenaru'r
tir gogyfer â sefydlu Rheol Gymraeg y Brifwyl, rheol a ddaeth
i fodolaeth wedi ei farwolaeth. Nid oedd yn fodlon gweld y
brifwyl yn cael ei Seisnigo ac yr oedd am sicrhau bod ei
gweinyddiad yn drwyadl Gymraeg, fel yn wir y gwnaeth yn y
1890au. Gwyddai bellach nad lle i ebychu yn sentimental ar
ei llwyfan oedd yr Eisteddfod, er iddo ef ei hun lithro i'r fagl
honno droeon yn y gorffennol wrth fynd i 'hwyl' ar Ddydd
Iau Lloyd George.

Beth bynnag yw'r farn am Gymreictod Lloyd George a'i
safbwynt ynglŷn â'r Gymraeg ar wahanol adegau yn ystod ei
yrfa, nid oes unrhyw amheuaeth na cheisiodd arddel yr iaith
mewn ffordd fodern a beiddgar pan sefydlwyd Cyngor Sir
Caernarfon a hynny ar adeg pan nad oedd yn ffasiynol i
wneud hynny. Yn ei weithgarwch arloesol fel 'Y Bachgen
Henadur' ar Gyngor Sir Caernarfon ym 1889 a 1890,
dangosodd Lloyd George ddewrder anghyffredin fel
cenedlaetholwr a radical Cymreig. Yn ystod y cyfnod hwn,
prin fod unrhyw sail i honiad John Grigg mai eilbeth oedd
Cymru iddo: 'He always cared for Wales but only in the
much bigger context of United Kingdom and Imperial
politics.' Gwir y tybiai mai gweithredu o fewn fframwaith
Prydeinig y gwnâi Senedd Gymreig, ond bu sicrhau hynny yn
flaenoriaeth ganddo yn y cyfnod hwn ar draul buddiannau
Prydeinig y Blaid Ryddfrydol a materion Prydeinig eraill. Fe'i
hystyriai ei hun yn genedlaetholwr.

Yn y Cyngor Sir defnyddiodd ei holl ddoniau i geisio
lledaenu ymhell y tu hwnt i sir Gaernarfon neges a oedd yn
gyffrous a newydd a deinamig, un ac iddi wedd genedlaethol
Gymreig a rhyngwladol. Nid heb reswm y dywedodd hyn am

Gymru yn y cyfnod hwn mewn araith a ddraddodwyd gerbron Ffederasiwn Rhyddfrydwyr De Cymru yng Nghaerdydd ym mis Chwefror 1890:

Were self government conceded to Wales, she would be a model to the nationalities of the earth of a people who had driven oppression from their hillsides and initiated the glorious reign of freedom, justice and truth.

Ni chyflawnodd Lloyd George ei ddyheadau cynnar ynglŷn â sicrhau hunanlywodraeth i Gymru, ond nid yw hynny'n dibrisio diffuantrwydd na maint ei ymdrechion yn y 1880au a'r 1890au dros achos Cymru Fydd na'i barodrwydd i gefnu ar y syniadau hynny wedi iddo sylweddoli mai mudiad seithug fyddai'r mudiad hwnnw. Ni ddylid dibrisio'r cyfnod hwn yn ei fywyd oherwydd iddo droi at y drefn wleidyddol Brydeinig wedi 1896 er mwyn sicrhau gwelliannau cymdeithasol i Gymru. Wedi'r cwbl, y Cymry eu hunain a wrthododd arweiniad a chenhadaeth herfeiddiol Lloyd George. Ni ellir ei feio am ddilyn trywydd gwahanol wedi hynny.

DARLLEN PELLACH

Jack Eaton, *Judge John Bryn Roberts, a Biography* (Caerdydd, 1989).

W. R. P. George, *The Making of Lloyd George* (Llundain, 1976).

William George, *Cymru Fydd: Hanes y Mudiad Cenedlaethol Cyntaf* (Lerpwl, 1945).

John Grigg, *The Young Lloyd George* (Llundain, 1973).

D. Tecwyn Lloyd, *Drych o Genedl* (Abertawe, 1987).

K. O. Morgan, *Modern Wales, Politics, Places and People* (Caerdydd, 1995).

Cyril Parry, *David Lloyd George* (Dinbych, 1984).

Emyr Price, 'Lloyd George and the By-election in the Caernarfon Boroughs 1890', *Trafodion Cymdeithas Hanes Sir Gaernarfon*, 36 (1975).

Emyr Price, 'Newyddiadur Cyntaf David Lloyd George, *Journal of the Welsh Bibliographical Society*, XI, rhifau 1–2 (1975).

Emyr Williams, 'Liberalism in Wales and the Politics of Welsh Home Rule, 1886–1910', *Bwletin y Bwrdd Gwybodau Celtaidd*, XXXVII (1990).

'CREA ANNIDDIGRWYDD DRWY GYRRAU'R BYD': OES Y BROTEST A BRWYDR YR IAITH YNG NGHYMRU

Dylan Phillips

. . . wrth frwydro dros barhad yr iaith . . . rydym yn brwydro yn erbyn anghyfiawnder ym mhob gwlad.

Dafydd Iwan

Sefydlu Cymdeithas yr Iaith Gymraeg ym mis Awst 1962 yw un o'r cerrig milltir pwysicaf yn hanes yr iaith Gymraeg. Megis y gwynt y sonnir amdano yng ngherdd R. Williams Parry, 'Cymru 1937', bu ffurfio'r mudiad hwn a roes gymaint o bwyslais ar herio, protestio a thorcyfraith, yn fodd i greu anniddigrwydd drwy gyrrau'r byd ar ei hynt. Ymhellach na hynny, yr oedd sefydlu'r Gymdeithas hefyd yn chwa o wynt newydd. Ni welwyd yng Nghymru ddim byd tebyg iddi na chynt na chwedyn. Cefnodd ar holl draddodiad y mudiad iaith, gan hepgor mantell barchus pob rhagflaenydd drwy weithredu'n feiddgar a digyfaddawd. Yn ystod y pymtheng mlynedd ar hugain diwethaf bu'r mudiad hwn yn destun dadlau chwyrn, gyda rhai yn ei gyhuddo o fod yn fath ar 'Ku Klux Klan' Cymreig, ac eraill yn ei ystyried yn 'obaith olaf adferiad yr iaith Gymraeg'. Ond beth bynnag yw barn pobl am ddulliau a natur ymosodol ymgyrchu Cymdeithas yr Iaith, y mae'n rhaid ei ystyried erbyn heddiw yn un o'r mudiadau pwysicaf a mwyaf dylanwadol yn hanes y genedl.

Afraid dweud mai darlith radio Saunders Lewis, *Tynged yr Iaith*, oedd yr ysbardun a arweiniodd at sefydlu Cymdeithas yr Iaith Gymraeg. Darlledwyd y ddarlith ar nos Fawrth, 13 Chwefror 1962, ar drothwy cyhoeddi canlyniadau Cyfrifiad 1961. Yn ei ddarlith, a draddodwyd mewn llais eiddil ond heriol, proffwydodd Lewis 'y bydd terfyn ar y Gymraeg yn iaith fyw, ond parhau'r tueddiad presennol, tua dechrau'r unfed ganrif ar hugain'. Wrth wraidd ei broffwydoliaeth besimistaidd oedd ei honiad fod effeithiau y 'cymal iaith' yn Neddf Uno 1536 ar fin dod i'w llawn dwf, a bod yr amcan 'utterly to extirp all and singular the sinister Usages and Customs' yng Nghymru, sef, yn arbennig, yr iaith Gymraeg, yn rhwym o ddigwydd erbyn diwedd yr ugeinfed ganrif. Yn ei dyb ef, nid polisi bwriadol llywodraeth Loegr i ddiddymu'r Gymraeg yn unig a oedd ar fai am hynny. Bu'n llym iawn ei gondemniad hefyd o'r Cymry eu hunain am esgeuluso eu hiaith, yn enwedig ym meysydd y gyfraith, gwleidyddiaeth ac addysg. Yn wir, mor daeogaidd oedd y Cymry, meddai, fel nad oedd raid i'r llywodraeth geisio sicrhau difodiad y Gymraeg: gallai adael hynny i'r awdurdodau lleol a'r pleidiau gwleidyddol yng Nghymru. 'Nid dim llai na chwyldroad yw adfer yr iaith Gymraeg yng Nghymru', meddai, a dim ond 'penderfyniad, ewyllys, brwydro, aberth, ymdrech' a fyddai'n ei harbed rhag ei thranc.

Er y gofid mawr y byddai ffigurau Cyfrifiad 1961 yn dangos lleihad sylweddol unwaith eto yng nghanran y niferoedd a fedrai siarad Cymraeg, nid oedd y canlyniadau mor siomedig ag yr ofnwyd. Syrthiodd canran y siaradwyr Cymraeg o 28.9 y cant ym 1951 i 26.0 y cant ym 1961. Er bod y gostyngiad unwaith eto yn sylweddol, nid oedd yn drychinebus. Ond cafodd darlith Saunders Lewis ddylanwad aruthrol. Ysgytiwyd caredigion yr iaith ac achoswyd cynnwrf ledled Cymru. Yn ôl golygydd *Seren Gomer*, bu'r 'ddarlith hon yn destun ymddiddan bob dau Gymro ers wythnosau'. Disgrifiwyd y ddarlith yn *Y Cymro* fel 'y sylwadaeth fwyaf miniog, cyrhaeddgar a deifiol a glywodd y genhedlaeth hon ar gyflwr y Gymraeg'. Beirniadwyd y ddarlith gan eraill am fod yn 'gamarweiniol'. Fe'i cyhuddwyd gan olygydd *Y Ddraig Goch* o 'or-symleiddio'r sefyllfa', a honnwyd mai 'hollol artiffisial' oedd nod Lewis o achub yr iaith heb yn gyntaf sicrhau hunanlywodraeth. Ond er mai arwynebol a syml iawn oedd dadansoddiad Saunders Lewis o ddirywiad yr iaith, rhaid cofio mai ei fwriad cyntaf oedd ysgwyd ei gyd-Gymry, ac yn hynny o beth bu'n llwyddiannus iawn. Edrydd Lewis Valentine am ei brofiad yntau wrth wrando ar ei gyfaill yn traddodi:

> yr oeddym ar ei therfyn yn welwlwyd fudion yn tremio ar ein gilydd heb yngan gair. Cyn ymwahanu yr oeddym yn cytuno bod traddodi yr araith hon yn ddigwyddiad o bwys yn ein hanes, ac na fyddai bywyd byth yr un fath i neb ohonom eto. Enbyd o ddawn a roddwyd i S.L., ac ymha iaith bynnag y llefara y mae'n gadael neb yn ddifraw . . .

Ei ail fwriad oedd peri i'w gyd-wladwyr wneud safiad o blaid yr iaith ac i ymgyrchu'n adeiladol o'i phlaid. Bu'r amcan hwnnw hefyd yn llwyddiannus oherwydd prif ganlyniad y ddarlith oedd ffurfio ymhen chwe mis Gymdeithas yr Iaith Gymraeg.

Fodd bynnag, y mae'n bwysig nodi nad mewn gwagle y lleisiodd Saunders Lewis ei ofnau ynglŷn â dyfodol y Gymraeg. Bu meithrin balchder yn yr iaith a diogelu ei dyfodol yn rhan o agenda sawl mudiad a chorff yng Nghymru a thu hwnt ers canol y ddeunawfed ganrif o leiaf. Awgrymodd William George ym 1945 y gellid cyfeirio at Gymru fel 'Gwlad y Mudiadau', gan mor hoff oedd y Cymry o'u sefydlu at wahanol ddibenion, gan gynnwys ymgyrchu dros yr iaith. Ymateb cyntaf D. Gwenallt Jones, golygydd *Taliesin*, i ddarlith Saunders Lewis oedd ymgroesi rhag yr anogaeth i ffurfio mudiad newydd o blaid yr iaith:

> Y mae'r awgrym wedi apelio yn fawr at y Cymry amholiticaidd: nid oes eisiau arnynt hwy ond hanner awgrym, ac y maent yn mynd ati i godi mudiad iaith arall, mudiadau fel y mudiadau a fu.

Byth oddi ar i Anrhydeddus Gymdeithas y Cymmrodorion ddatgan yn eu *Gosodedigaethau* ym 1755 mai 'Ymgeleddu a diwyllio'r *Frutaniaith*, a chwilio allan Hynafiaeth, yw bwriad pennaf ein hymgyfarfod', sefydlwyd nifer helaeth o fudiadau a chymdeithasau i hybu a diogelu'r Gymraeg a'i diwylliant. Er mwyn pwyso o blaid defnyddio'r Gymraeg yn gyfrwng addysg yn yr ysgolion ffurfiwyd Cymdeithas yr Iaith Gymraeg gan yr addysgwr Dan Isaac Davies ym 1885. Ei nod oedd sicrhau ymhen canrif 'tair miliwn o Gymry dwy-ieithawg'. Er mai ymreolaeth a datgysylltu'r Eglwys oedd prif amcanion Cymru Fydd, a sefydlwyd ym 1885 gan nifer o Gymry ifainc a blaengar y Blaid Ryddfrydol, bu aelodau amlwg megis Tom Ellis a David Lloyd George yn cyson ddatgan yn angerddol eu hawydd i feithrin balchder yn yr iaith Gymraeg a'i diwylliant.

Yn ystod yr ugeinfed ganrif cafwyd toreth o fudiadau iaith yng Nghymru. Ffurfiwyd Undeb Cenedlaethol y Cymdeith-

asau Cymraeg mewn cynhadledd yng Nghastell-nedd ym mis
Tachwedd 1913 gyda'r amcan o gyd-drefnu gweithgareddau
cymdeithasau Cymraeg lleol ledled Cymru a hefyd weithredu
fel mudiad gwasgedd cenedlaethol. Bu'r Undeb yn pwyso am
gryfhau statws yr iaith mewn addysg, y cyfryngau torfol a
chylchoedd cyhoeddus a swyddogol, gan lansio ym 1938
ddeiseb fawr o blaid sicrhau statws cyfartal i'r Gymraeg a'r
Saesneg mewn llysoedd barn. Sefydlwyd Urdd Gobaith
Cymru gan Ifan ab Owen Edwards ym 1922, a thair blynedd
yn ddiweddarach sefydlwyd Y Blaid Genedlaethol, dau fudiad
tra phwysig o safbwynt Cymru a Chymreictod yn yr ugeinfed
ganrif. Er mai mudiad diwylliannol oedd yr Urdd fel y cyfryw,
yn amcanu at ddysgu plant Cymru i ymhyfrydu yn eu
hetifeddiaeth a'u diwylliant cenedlaethol, ac er mai plaid
wleidyddol yn ymgyrchu dros hunanlywodraeth oedd Plaid
Cymru, yr oedd diogelu dyfodol yr iaith Gymraeg yn nod a
gofleidiwyd gan y naill a'r llall. Yn wyneb bygythiad yr Ail
Ryfel Byd i'r iaith a'r cymunedau Cymraeg, ffurfiwyd
Pwyllgor er Diogelu Diwylliant Cymru ym 1939, ac ym 1941
unwyd y Pwyllgor Diogelu ac Undeb y Cymdeithasau dan
faner Undeb Cymru Fydd. Gan adlewyrchu'r diddordeb
newydd mewn dysgu Cymraeg fel ail iaith, sefydlwyd yr Urdd
Siarad Cymraeg ar ôl y rhyfel ym 1947, gyda'r nod o geisio
ennill rhagor o bobl i rengoedd y dysgwyr.

Felly, yr oedd traddodiad hir ac anrhydeddus o ymgyrchu o
blaid y Gymraeg eisoes yn bodoli yng Nghymru cyn sefydlu
Cymdeithas yr Iaith ym 1962. Serch hynny, gofynnodd
Saunders Lewis yn *Tynged yr Iaith:*

A oes o gwbl draddodiad o amddiffyn politicaidd i'r iaith
Gymraeg? Nid gofyn yr wyf a oes traddodiad o frolio'r
iaith mewn areithiau politicaidd neu gan wleidyddion ar
lwyfan eisteddfod. Yn hytrach gweld yr iaith fel y mae
Llywodraeth Loegr wedi ei gweld hi erioed, yn fater
politicaidd, ac o'i gweld hi felly ei chodi hi'n faner i
frwydr?

Mudiadau diwylliannol gan mwyaf oedd rhagflaenwyr y Gymdeithas, heb unrhyw raglen wleidyddol i'w cynorthwyo i ddiogelu'r iaith Gymraeg. Yn wir, methiant y mudiadau cynnar hyn i sicrhau statws swyddogol i'r Gymraeg oedd un o brif gŵynion Lewis. Cyfeiriodd, er enghraifft, at fethiant deiseb yr iaith rhwng 1938 a 1941 i sicrhau mwy na'r 'Welsh Courts Act, 1942', deddf nad oedd yn caniatáu fawr ddim mwy na'r hawl i siaradwr Cymraeg ddefnyddio ei famiaith mewn llys barn *os gallai brofi ei fod dan anfantais yn siarad Saesneg.* Methiant y mudiadau iaith cynnar hefyd oedd ei gymhelliad pennaf dros alw am sefydlu mudiad iaith

31 Saunders Lewis, awdur *Tynged yr Iaith* a 'thad ysbrydol' Cymdeithas yr Iaith Gymraeg.

newydd, a hwnnw'n fudiad a fyddai'n defnyddio dulliau tra gwahanol i'w ragflaenwyr.

'Eler ati o ddifri a heb anwadalu i'w gwneud hi'n amhosibl dwyn ymlaen fusnes llywodraeth leol na busnes llywodraeth ganol heb y Gymraeg' oedd siars Saunders Lewis. Yr oedd y dull hwn o weithredu yn dra gwahanol i eiddo rhagflaenwyr y mudiad iaith. Nid mudiadau *protest* mohonynt. Ar ymgyrchu'n ddygn ond yn dawel dros yr iaith y rhoddid y pwyslais ac nid ar achosi cynnwrf. Hybu diwylliant oedd nod rhaglenni'r Cymmrodorion a'r cymdeithasau Cymraeg lleol. Dulliau cyfansoddiadol o lobïo a darbwyllo'n gwrtais a fabwysiadwyd gan Gymdeithas yr Iaith Dan Isaac Davies. Nid oedd y mudiadau eraill, megis Undeb y Cymdeithasau, y Pwyllgor er Diogelu Diwylliant, nac Undeb Cymru Fydd ychwaith, yn awyddus i gynhyrfu'r dyfroedd, a chymhellid eu haelodau i beidio ag ymgyrchu'n herfeiddiol o blaid yr iaith. Meddai Undeb y Cymdeithasau: 'Nid ydym nac yn torri ffenestri nac yn llosgi adeiladau; nid ydym yn boycotio nac yn bygwth . . .' Er gwaethaf penderfyniad a wnaed yn Ysgol Haf Plaid Cymru ym 1938 yn annog y Blaid i ddefnyddio dulliau uniongyrchol di-drais i hyrwyddo ei hamcanion, ni wireddwyd yr ymrwymiad hwnnw yn yr ymgyrch dros hunanlywodraeth na thros yr iaith. Hyd yn oed ar ôl sefydlu Cymdeithas yr Iaith ym 1962 ceisiodd y mudiadau iaith eraill ymbellhau oddi wrth ei dulliau uniongyrchol ac anghyfansoddiadol o ymgyrchu. Meddai'r Urdd Siarad Cymraeg ym 1966:

> Unig nod ac amcan U.S.C. yw gosod urddas ar yr iaith, trwy siarad y Gymraeg ymhobman. Nid i eistedd, nid i sefyll, nid i brotestio; galwad U.S.C. i'w aelodau yw siarad.

Oherwydd natur filwriaethus a phengaled y Gymdeithas, bu raid ffurfio mudiadau eraill i ymgyrchu o blaid y Gymraeg, a dyna paham y sefydlwyd Undeb y Gymraeg Fyw ym 1965, Cyfeillion yr Iaith ym 1971, a mudiad Cefn ym 1985.

Yr oedd sefydlu Cymdeithas yr Iaith Gymraeg ym 1962, felly, yn dynodi newid mawr yn hanes brwydr yr iaith. Ymwrthododd y Gymdeithas yn llwyr â'r hen ddulliau traddodiadol o ymgyrchu cwrtais a pharchus. Wrth reswm, ni chefnodd y Gymdeithas ar ddulliau cyfansoddiadol o bwyso, megis llythyru, deisebu, gorymdeithio ac anfon dirprwy-aethau. Yn wir, cychwynnid pob ymgyrch trwy ddefnyddio pob dull cyfansoddiadol posibl er mwyn darbwyllo'r awdurdodau i dderbyn ei gofynion. Ond heriwyd traddodiadau mudiadau'r gorffennol drwy fabwysiadu dulliau protestgar o ymgyrchu a meithrin strategaeth wleidyddol radicalaidd. Gwyddai'r arweinwyr fod pob un o'r mudiadau blaenorol wedi methu sicrhau i'r Gymraeg statws iaith swyddogol yn ei gwlad ei hun. Mynnodd Cynog Dafis fod sylfaenwyr Cymdeithas yr Iaith 'yn ymwybodol ddigon o'r ymdrechion arwrol ar ran gwladgarwyr a chenedlaetholwyr dros ganrif gyfan i ddiogelu'r Gymraeg . . . [ond] yn argyhoeddedig ar yr un pryd mai'r prif reswm dros eu methiant i wneud dim mwy na lliniaru ac arafu beth ar ddirywiad yr iaith oedd fod ei darostyngiad swyddogol wedi aros yn ddigyfnewid'.

Gwyddai sylfaenwyr Cymdeithas yr Iaith yn dda iawn ym 1962 mai'r hyn yr oedd ei angen oedd ymgyrch weithredol i sicrhau goroesiad ac adferiad yr iaith Gymraeg. Golygai hynny ymgyrch yn erbyn achos sylfaenol ei dirywiad, sef ei halltudiaeth er Deddf Uno 1536 o bob cylch swyddogol a chyfreithiol. Gan mai gweithred wleidyddol oedd ei halltudiaeth, fel y dangosodd Saunders Lewis, rhaid felly oedd ymgyrchu yn wleidyddol er mwyn ei hadfer. Sylweddolwyd hefyd fod ei rhagflaenwyr wedi eu llyffetheirio gan eu hymlyniad wrth gwrteisi, parchusrwydd a chyfaddawd, ac y byddai angen defnyddio dulliau mwy mentrus er mwyn ennill sylw teilwng i frwydr yr iaith. Gyda'r nod hwnnw mewn golwg, felly, datblygodd y Gymdeithas ei dull milwriaethus, heriol a di-dderbyn-wyneb ei hun o wleidydda, gan fabwysiadu dulliau uniongyrchol ac anghyfansoddiadol o bwyso o blaid y Gymraeg. Yn hynny o beth, rhoes y Gymdeithas gychwyn ar gyfnod newydd a chyffrous yn hanes y frwydr i ddiogelu'r iaith Gymraeg.

Ond nid dylanwad darlith Saunders Lewis, *Tynged yr Iaith*, yn unig a oedd yn gyfrifol am sefydlu Cymdeithas yr Iaith Gymraeg. Ffurfiwyd y Gymdeithas yng nghanol cyfnod cyffrous a byrlymus a welodd brotestiadau di-rif ledled y byd. Yr oedd fel petai'r byd i gyd yn ferw gwyllt gan brotestiadau a gwrthryfeloedd ar ddiwedd y pumdegau a dechrau'r chwedegau, a phawb yn mynnu'r rhyddid i fynegi barn trwy deg ac weithiau trwy drais. Yn Lloegr ac yn Unol Daleithiau'r America cafwyd protestiadau heddwch anferth yn erbyn y dechnoleg niwclear fodern ac ymyrraeth America yn Fietnam. Mewn colegau a phrifysgolion yn Efrog Newydd, Llundain, Paris, Berlin a Warsaw hawliai myfyrwyr gyfundrefn addysg deg. Yn nhaleithiau deheuol America ymladdai pobl o blaid eu hawliau sifil, ac yn Ne Affrica cafwyd protestiadau sylweddol yr ANC yn erbyn anghyfiawnder apartheid a charcharu Nelson Mandela am oes. Yn yr Undeb Sofietaidd protestiai llenorion yn erbyn sensoriaeth y wladwriaeth gomiwnyddol, ac yn nifer o wledydd Affrica ac Asia, megis Algeria, Rhodesia, Kenya, y Congo, ac Indonesia, ymgyrchai trigolion anfoddog o blaid eu hannibyniaeth wleidyddol.

Rhaid ystyried sefydlu Cymdeithas yr Iaith Gymraeg yng nghyd-destun y cynnwrf rhyngwladol hwn. Ym mis Chwefror 1962, sef adeg darlledu *Tynged yr Iaith*, yr oedd protestiadau treisgar yn erbyn polisi llywodraeth Ffrainc yn nhrefedigaethau Algeria yn digwydd ym Mharis. Gwelwyd hefyd rai cannoedd o fyfyrwyr yn gorymdeithio i'r Tŷ Gwyn yn Washington DC i brotestio yn erbyn y Rhyfel Oer ac i erfyn am heddwch. Ym mis Awst 1962, sef adeg sefydlu'r Gymdeithas yn Ysgol Haf Plaid Cymru ym Mhontarddulais, y cafodd Dr Martin Luther King ei ryddhau gan lys barn yn Albany, Georgia, wedi iddo ef a'r Parchedig Ralph Abernathy dreulio pythefnos yng ngharchar am darfu ar yr heddwch yn ystod protest a arweiniwyd ganddynt y tu allan i Neuadd y Sir. Ac ym mis Hydref 1962, pryd y cynhaliwyd cyfarfod swyddogol cyntaf y Gymdeithas yn nhafarn y Ceffyl Gwyn yn Aberystwyth, gorymdeithiodd 60,000 o Fflemiaid drwy strydoedd Brwsel i fynnu cynrychiolaeth gyfartal â'r Ffrancwyr yng Ngwlad Belg. Anafwyd 19 o'r protestwyr mewn gwrthdaro â'r heddlu. Mewn cyfnod pan oedd pobl ym mhedwar ban byd ar dân o blaid eu hawliau ac yn brwydro yn erbyn anghyfiawnder y sefydlwyd Cymdeithas yr Iaith Gymraeg gyda'r amcan o 'sicrhau statws swyddogol i'r Gymraeg yn gydradd â'r Saesneg mewn gweinyddiaeth a llywodraeth . . . [ac] ym myd masnach'. Er mwyn cyrraedd y nod hwnnw, penderfynwyd efelychu dulliau eu cymrodyr rhyngwladol o brotestio.

Yr oedd sefydlu'r Gymdeithas yn gymaint canlyniad i'r cyffro byd-eang ag yr ydoedd i broffwydoliaeth a siars Saunders Lewis. Nid oes amheuaeth na theimlai aelodau'r Gymdeithas eu bod yn rhan o batrwm o brotestio rhyngwladol a oedd ar gerdded trwy'r byd. Yn nodiadau golygyddol Gareth Miles yn *Tafod y Ddraig,* misolyn y Gymdeithas, yn Chwefror 1965, olrheiniwyd hanes ymgyrchoedd yr iaith yn Llydaw, Gwlad y Basg, Catalunya, a gwledydd eraill, gan gymharu'r sefyllfa â Chymru. Mewn ysgrif yn *Tafod y Ddraig* ym mis Ionawr 1969, meddai Dafydd Iwan: 'wrth frwydro dros barhad yr iaith . . . rydym yn brwydro yn erbyn anghyfiawnder ym mhob gwlad'. Mawr fu dylanwad dysgeidiaeth a gweithredoedd Mahatma Gandhi a Martin Luther King ar aelodau'r Gymdeithas, fel y dengys cyfeiriadau mynych yr arweinwyr at y ddau mewn datganiadau gerbron llysoedd barn, mewn areithiau ac mewn ysgrifau. Nid oes amheuaeth, felly, nad oedd aelodau'r Gymdeithas wedi eu cyfareddu gan effeithiolrwydd y protestiadau torfol ac anufudd-dod sifil yn Ewrop ac America.

Y mae angen cofio bod sefydlu Cymdeithas yr Iaith yn ffrwyth dwy ffenomen wahanol, ond cysylltiedig â'i gilydd, a

32 Ffred Ffransis yn annerch rali arwyddion, Post-mawr, Rhagfyr 1970.

ymddangosodd ar ddechrau'r chwedegau ac a oedd i ysgwyd seiliau gwleidyddol y byd, sef y *Chwyldro Ieuenctid* ac *Oes y Brotest.*

Cyfnod ffrwythlon iawn oedd y chwedegau yn hanes twf gwleidyddiaeth gwasgedd. Yn sgil yr Ail Ryfel Byd profwyd nifer o newidiadau cymdeithasol ac economaidd pellgyrhaeddol a oedd i effeithio'n drwm iawn ar gymdeithas yn y gorllewin. Yr oedd gobaith newydd fod pethau ar wella. Mwynheid cyfoeth newydd yn sgil codiadau cyflog a chynnydd yn nifer y gwragedd a oedd yn gweithio. Cynlluniwyd polisïau newydd ynghylch tai ac iechyd gan y gwahanol lywodraethau er mwyn codi safon byw yn y cartref ac yn y gwaith. Gostyngodd niferoedd y di-waith er gwaethaf dirywiad araf y diwydiannau trymion a ddisodlwyd yn raddol gan swyddi yn y sectorau gwasanaethu a gweinyddol. Datblygodd y dosbarth canol proffesiynol i fod yn ddosbarth tra dylanwadol, yn enwedig ym Mhrydain lle cawsant loches a grym yn y Blaid Lafur. Cafwyd dewis o yrfa ac, yn bwysicach na dim, efallai, gyfle newydd i gael amgenach addysg. Wrth geisio esbonio gwreiddiau'r cynnydd mewn mudiadau gwasgedd a gafwyd ar ddiwedd y pumdegau a dechrau'r chwedegau, cyfeiriodd Geoffrey Alderman at swyddogaeth addysg yn y chwyldro cymdeithasol a ddigwyddodd wedi'r rhyfel:

> The expansion of educational opportunities has brought into existence a new middle class, concerned with its environment and well able to articulate demands and to organize group activity.

Gwelwyd yr un patrwm o newidiadau cymdeithasol ac economaidd yn digwydd yng Nghymru. Adlewyrchwyd y cyfoeth newydd yn nifer y bobl a oedd yn berchen ceir—yn ôl John Davies, ceid 110,000 o geir trwyddedig yng Nghymru ym 1951, ond erbyn 1971 yr oedd y cyfanswm wedi cynyddu i 606,000. Amlhaodd y cyfleon am addysg yng Nghymru hefyd, yn enwedig addysg brifysgol: cynyddodd nifer y myfyrwyr ym Mhrifysgol Cymru o 4,863 ym 1951 i 14,915 ym 1971. Yr oedd y chwedegau yn gyfnod o godi gobeithion. Meddai Des Wilson, un o arweinwyr amlycaf gwleidyddiaeth gwasgedd y chwedegau: 'It was a time when it seemed possible to try anything and do anything. It was a marvellous decade and I only wish such a decade could return.'

Ond prif nodwedd y cyfnod newydd hwnnw ar ddechrau'r chwedegau ledled y byd oedd y chwyldro ieuenctid. Yr oedd rhyw ddwy filiwn o ddynion wedi gadael y fyddin ym Mhrydain ar ddiwedd y Rhyfel ym 1945, gan ddychwelyd i'w cartrefi a dechrau magu teuluoedd. Erbyn 1964 yr oedd aelodau o'r genhedlaeth newydd hon wedi cyrraedd eu deunaw oed. Yr oeddynt wedi eu magu mewn cyfnod cyffrous a welsai gryn dipyn o wrthdaro rhyngddynt a chenhedlaeth eu rhieni a chenhedlaeth eu rhieni hwythau. Amlygwyd y cyffro hwnnw trwy gydol plentyndod y genhedlaeth newydd yn y pumdegau yn sgil dyfodiad Rock'n Roll i Brydain a'r canu gwerin newydd; fe'i crisialwyd yn nrama John Osborne, *Look Back in Anger* (1956), ac yng ngweithiau Sartre, Brecht a Pasternak. Mawr fu'r trafod a'r dadlau am achosion y cyffro hwn. Cafwyd pob math o ddamcaniaethau gan seicolegwyr a chymdeithasegwyr pwysig. Awgrymodd rhai sylwebyddion mai'r llacio mewn disgyblaeth ac awdurdod o fewn y teulu a'r system addysg a oedd yn gyfrifol am y gwrthdaro rhwng yr ifainc a'r hen. A'r genhedlaeth newydd hon ar fin gadael ysgol ac efallai yn paratoi i fynd ymlaen i'r coleg, yr oedd tebygrwydd cryf y byddai'n gwrthryfela yn erbyn gwerthoedd a chonfensiynau'r gorffennol.

Datblygodd y genhedlaeth ifanc ei diwylliant gwleidyddol ei hun ac erbyn y chwedegau yr oedd gwleidyddiaeth wedi ymdreiddio i bob agwedd ar fywyd. Yr oedd hyd yn oed arwyddocâd gwleidyddol i iaith a steil gwallt. Mary Quant a'r Beatles fyddai proffwydi'r genhedlaeth newydd, a heddwch hipïaidd trwy 'gariad rhydd' a 'grym blodau' oedd eu delfryd. Yng Nghymru ymroes yr ifainc i feithrin diwylliant poblogaidd a herfeiddiol a fyddai, yn eu tyb hwy, yn cyd-fynd â'u delwedd o'r Gymru newydd. Gwelwyd hynny yng nghaneuon angerddol Dafydd Iwan, yn nofelau mentrus John Rowlands, ac yng nghyhoeddiadau beiddgar Robat Gruffudd yng ngwasg Y Lolfa. Gallai'r diwylliant ifanc fod yn amharchus o herfeiddiol, fel y gwelwyd ar dudalennau *Lol*, ond rhan annatod o'r is-ddiwylliant ieuenctid rhyngwladol oedd yr awydd i dynnu blewyn o drwyn y genhedlaeth hŷn. Gwrthryfela yn erbyn y genhedlaeth hŷn a'i gwerthoedd capelyddol parchus a wnâi'r genhedlaeth iau yng Nghymru hefyd.

Yn ogystal â'r hwyl, yr oedd gan y gwerthoedd newydd hyn oblygiadau gwleidyddol pwysig. Yn ôl Emyr Humphreys: 'the cause is that much more attractive to the young because it is flatly opposed to the materialism and economic determinism of the ruling party'. Pobl ifainc, yn anad neb arall, a oedd i'w canfod yn rhengoedd mudiadau protest y pumdegau hwyr a'r chwedegau cynnar. Yr oedd rhyw gyffro mewn gwleidyddiaeth gwasgedd, yn enwedig os oedd hwnnw'n brotestgar ei naws ac yn cynnwys elfen o anufudd-dod sifil. Yr oedd CND yn fudiad poblogaidd iawn ymhlith yr ifainc yn ystod y pumdegau. Nododd Christopher Driver fod holl swyddogion pwyllgor cenedlaethol CND ym 1958 yn eu hugeiniau cynnar, a dangosodd arolwg y cylchgrawn *Perspective* ym 1959 fod 41 y cant o orymdeithwyr Aldermaston y flwyddyn honno dan 21 oed. Myfyrwyr oedd mwyafrif helaeth protestwyr y mudiad heddwch yn America hefyd, a nododd Peter Hain mai pobl ifainc a myfyrwyr a oedd yn bennaf cyfrifol am yr ymgyrch gwrth-apartheid 'Stop the Seventy Tour' a drefnwyd i wrthwynebu teithiau timau rygbi a chriced De Affrica i Brydain ym 1970.

Yr oedd cyffro'r chwyldro ieuenctid yn amlwg iawn yng ngweithgareddau Cymdeithas yr Iaith Gymraeg a'i phwyslais ar y dull protestgar o wleidydda. Mynych yr ymosodid ar aelodau'r Gymdeithas am fod yn 'llanciau hirwallt a genethod mini-sgertaidd'. Meddai Glyn Roberts mewn ysgrif yn *Y Faner* ym mis Gorffennaf 1967:

33 'Peintio'r byd yn wyrdd': anufudd-dod sifil di-drais.

Yr ydym wedi hen syrffedu ar weld ieuenctid swnllyd yn galifantio o'r naill le i'r llall yn llu banerog, anniben. Cawsom fwy na'n gwala o grytiaid gwyllt yn cael eu clustcochi gan blismyn. Yn America, Affrica, Asia, ac yng Nghymru hefyd, fe fyddarwyd pobl gan floeddiadau 'hogia-wedi-cael-cam'.

Ymddengys mai pobl ifainc, yn enwedig myfyrwyr, oedd y mwyafrif o aelodau a chefnogwyr y Gymdeithas. Cyfartaledd oedran sylfaenwyr y mudiad oedd 25 oed. Yn ystod y pymtheng mlynedd ar hugain cyntaf yr oedd 30 y cant o aelodau'r Gymdeithas yn fyfyrwyr coleg, a 32 y cant yn ddisgyblion ysgol. Pan gofiwn fod dros 60 y cant o holl aelodau'r Gymdeithas rhwng 11 a 24 oed trwy gydol y cyfnod hwnnw, nid oes unrhyw amheuaeth nad mudiad pobl ifainc fu'r Gymdeithas ar hyd ei hoes. Teg, felly, yw casglu mai protestiadau Cymdeithas yr Iaith oedd y mynegiant llawnaf o ffenomen y chwyldro ieuenctid yn y Gymru Gymraeg.

Yr oedd diwedd y pumdegau a dechrau'r chwedegau hefyd yn dyst i ddechrau dadrithiad mawr yn y proses gwleidyddol cyfansoddiadol ac yng ngallu'r pleidiau i greu amgenach byd. Teimlid rhwystredigaeth gan lawer o bobl oherwydd y ffordd y llunnid polisi ar faterion cymdeithasol, addysgol a thramor gan *élite* gwleidyddol, a'r rheini'n fynych yn benderfyniadau amhoblogaidd gan garfanau helaeth o'r cyhoedd. At hynny, yr oedd y pleidiau gwleidyddol traddodiadol yn rhy ddigroeso, yn rhy fiwrocrataidd, ac yn ymhél gormod â dogma i ddenu pobl ifainc a oedd yn ysu am gyfle i newid cymdeithas. Meddai Trevor Smith yn ei lyfr *Direct Action and Democratic Politics:*

> The substitution of administration for politics, which, in short, is the fundamental change which has been wrought by consensual technocracy, promoted apathy and cynicism among . . . what previously would have been the politically active minority . . . and one result of this is to be seen in the continuing decline of the individual memberships of the political parties since the mid-1950s. In retreating from the parties, the activists resorted to protest in order to give expression to their convictions and aspirations.

Yn Lloegr ac America datblygwyd y 'Chwith Newydd', mudiad a oedd yn fynegiant croyw o ddadrithiad y genhedlaeth ifanc â gwleidyddiaeth bleidiol eu rhieni. Yr oedd y Chwith Newydd yn feirniadol iawn o fethiant yr Hen Chwith i gyflawni'r amcanion gwleidyddol uchelgeisiol a addawsant, ac o ganlyniad yr oedd y Chwith Newydd yn fwriadol yn osgoi datblygu athroniaeth neu ideoleg soffistigedig.

Datblygwyd yn hytrach wleidyddiaeth gwasgedd gan fudiadau pwnc unigol (*single-issue movements*), a roddai fwy o bwys ar wrthdaro a phrotestio nag ar ddamcaniaethu a ffurfio polisïau. Tybid y byddai ymgyrchu dros hawliau unigol a phenodol yn burach yn wleidyddol na cheisio datblygu agenda un blaid arbennig. Felly, o ganlyniad i ddadrithiad a diffyg ffydd y cyhoedd mewn gwleidyddiaeth bleidiol a chyfansoddiadol ar y naill law, a'r gobaith a'r argyhoeddiad newydd y dylai pobl fynd ati i fynnu eu hawliau eu hunain ar y llaw arall, trodd llawer o bobl eu cefn ar y pleidiau, gan ddewis ffurfio, neu ymuno â, mudiadau gwasgedd. Rhoddwyd mynegiant i'r weledigaeth a'r gobaith newydd hwn mewn gwleidyddiaeth gwasgedd gan Hilary Jackson, trefnydd yr 'Abortion Law Reform Association':

> I think there was an atmosphere within the '60s. I don't think it was just a myth that the social atmosphere changed, that there was a desire for more liberal reform . . . People actually had the courage and the honesty to speak about it in public. People weren't going to be blinkered, they weren't going to be dishonest and that was part of the freedom that came alive . . . By the early '60s ALRA was taken over by a group of women who had become impatient that nothing had happened.

Bu'r un cyfuniad o rwystredigaeth a gobaith yn gyfrifol am ffurfio'r Ymgyrch dros Ddiarfogi Niwclear (CND), ac ymunodd miloedd o bobl â phrotestiadau enfawr yn Aldermaston yn erbyn polisi arfau'r llywodraeth. Yn ystod y chwedegau gostyngodd nifer yr aelodau a oedd yn perthyn i bleidiau gwleidyddol yn sylweddol, ond yn ystod yr un cyfnod ffurfiwyd rhai cannoedd o fudiadau pwnc unigol, megis Amnesty International (1962), Child Poverty Action Group (1963), Campaign for Homosexual Equality (1963), a Shelter (1966). Penderfynodd cyfran helaeth o bobl gymryd rhan uniongyrchol mewn gwleidyddiaeth, gan wneud hynny trwy gyfrwng mudiadau gwasgedd a phrotest.

Ailadroddwyd y patrwm hwnnw drwy'r byd i gyd. A'r Rhyfel Oer yn ei anterth, chwyddwyd rhengoedd y mudiadau heddwch a gwrth-niwclear ym Mhrydain, America ac ar gyfandir Ewrop gan filoedd o bobl a oedd am brotestio yn erbyn y bygythiad enbyd hwn i ddyfodol dynolryw. Cynhaliwyd cyfres o wrthdystiadau enwog gan CND yn Lloegr yn erbyn y bom, gyda'r cyntaf ym 1958 y tu allan i'r Sefydliad Ymchwil Arfau Niwclear yn Aldermaston. Daeth uchafbwynt yr ymgyrch ar 15 Ebrill 1963 pan orymdeithiodd 70,000 o wrthdystwyr trwy ganol Llundain mewn protest yn erbyn polisi arfau niwclear y llywodraeth. Yn sgil y gwrthwynebiad i arfau niwclear, hoeliwyd sylw'r byd ar y rhyfel yn Fietnam. Yn America cafwyd cyfres o brotestiadau ffyrnig iawn yn y brifddinas, Washington, gan gynnwys rali ar 27 Tachwedd 1965 pan orymdeithiodd 50,000 o brotestwyr i'r Tŷ Gwyn, a rali ar 21 Hydref 1967 pan geisiodd protestwyr feddiannu swyddfeydd yn y Pentagon.

Dyma hefyd gyfnod protestiadau pobl dduon America a'r pwyso am hawliau cyfartal â'r bobl wynion. Dan ddylanwad yr arweinydd carismatig Martin Luther King, cafwyd protestiadau a gwrthdystiadau niferus trwy America gydol y chwedegau, megis y 'sit-in' gan bedwar myfyriwr du mewn tŷ bwyta yn Greensboro, Gogledd Carolina, ar 1 Chwefror 1960, a gorymdaith 25,000 o ymgyrchwyr sifil yn Montgomery, Alabama, ym mis Mawrth 1965. Bu hefyd bwyso am ddiarddel De Affrica o'r chwaraeon rhyngwladol hyd oni ddiddymid trefn anghyfiawn apartheid. Gwrthododd 32 o genhedloedd Affrica gymryd rhan yng Ngêmau Olympaidd Mexico ym 1968 am fod De Affrica wedi cael gwahoddiad i gystadlu. Cafwyd protestio chwyrn adeg teithiau timau rygbi a chriced De Affrica ym Mhrydain ar ddiwedd y chwedegau, megis protest ffyrnig y tu allan i faes rygbi Twickenham pan geisiodd rhai o'r protestwyr ddwyn bws tîm De Affrica.

Mawr hefyd fu'r protestio mewn colegau a phrifysgolion gan fyfyrwyr ledled Ewrop ac America a oedd yn awyddus i newid dulliau dysgu a gweinyddu. Serch hynny, treuliai'r myfyrwyr protestgar hyn y rhan fwyaf o'u hamser yn ymgyrchu o blaid rhyddid barn, yn erbyn y rhyfel yn Fietnam, a thros hawliau cyfartal pobl dduon. Yn America cychwynnodd protestiadau'r myfyrwyr ym Mhrifysgol Berkeley, California, lle yr arestiwyd yr arweinydd Mario Savio yn ystod cyfarfod cyhoeddus a fynychwyd gan 13,000 o fyfyrwyr ac a drefnwyd er mwyn galw am ryddid barn a'r hawl i gynnal protestiadau. Yn Ffrainc ar 3 Mai 1968 arweiniwyd protest enfawr yn y Sorbonne, Prifysgol Paris, gan Daniel Cohn-Bendit o'r Chwith Newydd, pryd y meddiannwyd adeiladau gan fyfyrwyr. Ysbrydolwyd gweithwyr y wlad i fynd ar streic gyffredinol mewn protest yn erbyn polisïau de Gaulle, a bu bron iddynt ddymchwel llywodraeth y wlad.

34 Protest yn ystod achos cynllwynio yn erbyn wyth aelod o Gymdeithas yr Iaith, Caerfyrddin, Ebrill 1971.

Yr oedd y rhwystredigaeth a'r dadrithiad gwleidyddol yng Nghymru lawn mor amlwg ag ydoedd yn y gwledydd eraill lle ciciai'r ifainc yn erbyn y tresi. I genedlaetholwyr yr oedd rhagolygon tywyll y Gymraeg yn fater o ofid mawr. O ganlyniad i ddylanwad cynyddol y cyfryngau torfol a symudoledd y boblogaeth, ymdreiddiai dylanwadau Seisnig fwyfwy i'r ardaloedd anghysbell hynny lle'r oedd y Gymraeg yn iaith naturiol. Wrth i Gymru apelio fwyfwy at Saeson fel cyrchfan twristaidd, a hyd yn oed fel lle i sefydlu cartref newydd, gwelwyd crebachu sylweddol yn yr hyn a elwid 'Y Fro Gymraeg'. Ni feddai'r iaith unrhyw statws swyddogol mewn gweinyddiaeth, cyfraith, llywodraeth ganol na lleol. Er dysgu'r Gymraeg mewn nifer helaeth o ysgolion cynradd ac uwchradd trwy Gymru, nid oedd iddi statws 'craidd', ac arswydid rhag ei 'gorfodi' ar blant. Dewisai llawer o rieni i'w plant ddysgu Ffrangeg neu ryw bwnc arall yn hytrach na'r Gymraeg. Yr oedd y proses o Seisnigo Cymru, ei sefydliadau, ei broydd a'i phobl yn digwydd yn gyflymach a ffyrnicach nag erioed o'r blaen. Pan gyhoeddwyd canlyniadau Cyfrifiad 1961 (ychydig wythnosau ar ôl darlledu *Tynged yr Iaith*), dangoswyd bod y nifer a fedrai siarad yr iaith wedi gostwng 8.21 y cant er 1951.

Ni chynigid atebion i broblemau'r Gymraeg gan y pleidiau gwleidyddol. Er na chawsai erioed fwyafrif o'r bleidlais yng Nghymru, buasai'r Blaid Geidwadol mewn grym ym Mhrydain ers degawd gyfan erbyn 1962. Nid oedd gan ei harweinyddion yr amgyffred lleiaf o anghenion y Gymraeg. Prif blaid Cymru, yn ôl maint y teyrngarwch a hawliai gan etholwyr y wlad oedd y Blaid Lafur, ac er bod ganddi amryw o Gymry cefnogol ac ymroddedig, megis James Griffiths, S. O. Davies a Cledwyn Hughes, yr oedd yn ei rhengoedd hefyd rai fel George Thomas, Ness Edwards, Leo Abse, a Iori Thomas a oedd yn elyniaethus i'r iaith Gymraeg ac yn casáu cenedlaetholdeb a chenedlaetholwyr â chas perffaith. Ac ni allai hyd yn oed Blaid Cymru hawlio ymddiriedaeth lwyr y to ifanc yn y chwedegau. Er ei ffurfio ym 1925, methodd

Plaid Cymru ag ennill yr un sedd mewn etholiad cyffredinol na lleol, ac ni fu ganddi ddigon o ddylanwad i rwystro Corfforaeth Dŵr Lerpwl rhag boddi pentref Capel Celyn rhwng 1955 a 1965. Credai llawer o bobl ifainc nad oedd ei hagwedd at y Gymraeg ychwaith yn ddigon cadarn, yn enwedig wrth geisio apelio at etholwyr di-Gymraeg yr ardaloedd diwydiannol Saesneg. Yr agwedd negyddol honno a barodd i Saunders Lewis anelu ei ddarlith radio at Blaid Cymru, gan obeithio atgoffa ei harweinwyr o'u cyfrifoldeb—fel plaid genedlaethol Cymru—at y Gymraeg.

At hynny, nid oedd holl ymgyrchu cyfansoddiadol a chwrtais y mudiad iaith hyd at 1962 wedi cael nemor ddim effaith ar ragolygon y Gymraeg. Er mor glodwiw oedd y gwaith caled a diflino a wnaed o blaid yr iaith gan fudiadau fel Undeb Cenedlaethol y Cymdeithasau a gychwynnodd yr ymgyrch statws, a chan Urdd Gobaith Cymru a fu'n fagwrfa Cymraeg da i lawer o Gymry ifainc, yr oedd y Gymraeg yn dal yn ddi-statws a'r cyfartaledd o'r rhai a'i llefarai yn disgyn fesul Cyfrifiad. Nid oedd unrhyw fesur o ymgyrchu'n ddygn ond yn dawel o blaid yr iaith wedi arafu'r erydiad cyson yn niferoedd ei siaradwyr, nac ychwaith wedi diddymu'r cymal niweidiol yn Neddf Uno 1536 a oedd yn datgan:

> . . . from henceforth no Person or Persons that use the Welsh Speech or Language shall have or enjoy any Manner Office or Fees within the Realm of England, Wales, or other the King's Dominion, upon Pain of forfeiting the same Offices or Fees, unless he or they use and exercise the English Speech or Language.

Oherwydd hynny y galwodd Saunders Lewis yn ei ddarlith *Tynged yr Iaith* am ddefnyddio'r Gymraeg fel erfyn politicaidd. Yn ei farn ef, yr iaith oedd yr 'unig fater politicaidd y mae'n werth i Gymro ymboeni ag ef heddiw'. Nid oedd trin y Gymraeg fel rhywbeth diwylliannol yn unig yn ddigon i'w diogelu i'r dyfodol. Ni fyddai ymhyfrydu yng ngodidowgrwydd ei llenyddiaeth na phwysleisio ei phwysigrwydd fel un o ieithoedd hynaf Ewrop yn ddigon i'w harbed rhag diflannu fel iaith fyw yn yr ugeinfed ganrif. Rhaid yn hytrach oedd ei throi yn fater gwleidyddol, a defnyddio pob dull posibl, gan gynnwys anufudd-dod sifil, i sicrhau hynny.

Ymateb i'r alwad ddeublyg honno, mewn cyfnod o brotestio a gwrthryfela ledled y byd, a wnaeth sylfaenwyr Cymdeithas yr Iaith Gymraeg ym 1962. Fe'u dadrithiwyd gan y sefyllfa wleidyddol yng Nghymru ac fe'u cynhyrfwyd gan y dirywiad cyson yn nifer y rhai a lefarai'r iaith Gymraeg. A chan mai cyffro protestiadau ieuenctid y byd oedd y cyd-destun cymdeithasol a gwleidyddol, yr oedd yn anorfod mai'r un dulliau a'r un strategaeth gwrthdrawiadol a ddefnyddid gan y mudiad iaith yng Nghymru.

Mor bell yn ôl â diwedd y bedwaredd ganrif ar bymtheg yr oedd Emrys ap Iwan wedi sylweddoli bod angen ymgyrch wleidyddol i arbed yr iaith Gymraeg. Yr oedd ef yn argyhoeddedig fod cenedl yn gysegredig, ac mai 'priod iaith ydyw prif nod cenedl, a'r etifeddiaeth werthfawrocaf a ymddiriedwyd iddi gan y tadau'. Tybiai mai 'cadw Cymru yn Gymreig o ran iaith ac ysbryd yw'r pwnc pwysicaf o bob pwnc gwleidyddol', ac er mwyn diogelu'r iaith a chenedligrwydd y Cymry galwodd ar ei gyd-wladwyr i ffurfio un blaid wleidyddol er mwyn 'rhyddhau'r Dywysogaeth oddi wrth yr ormes Seisnig'. Bu nifer o'r mudiadau iaith lluosog yng Nghymru yn ymgyrchu'n wleidyddol o blaid y Gymraeg: pwysodd y Gymdeithas yr Iaith gyntaf o blaid mabwysiadu'r Gymraeg yn bwnc ysgol; ymgyrchodd Undeb y Cymdeithasau o blaid sicrhau cydnabyddiaeth swyddogol i'r Gymraeg gan gyrff llywodraethol; a galwodd Plaid Cymru am ddarpariaeth Gymraeg ar y radio. Enillwyd sawl consesiwn pwysig i'r iaith yn sgil yr ymgyrchoedd hyn. Eto i gyd, nid oedd rhagolygon y Gymraeg wedi gwella fawr ddim. Pan ffurfiwyd Cymdeithas yr Iaith Gymraeg, felly, aethpwyd ati yn null oes y brotest i greu a chynnal ymgyrch wleidyddol radical a herfeiddiol o blaid y Gymraeg.

Dechreuodd y Gymdeithas ei gyrfa wleidyddol drwy ganolbwyntio ar ddyrchafu statws yr iaith. Ei hymgyrch gyntaf oedd yr ymgyrch dros wysion llys Cymraeg. Yr oedd yr wŷs—galwad cyfreithiol ar ddinesydd i ateb i'w droseddau—yn symbol gwych o rym y wladwriaeth ac o israddoldeb y Gymraeg. Trwy wrthod derbyn gwysion uniaith Saesneg, a mynnu rhai Cymraeg, yr oedd aelodau'r Gymdeithas yn herio holl naws y cymal iaith yn y Ddeddf Uno. Sicrhau'r moddion i'r Cymry fedru defnyddio'r Gymraeg wrth ymwneud â gweinyddiaeth swyddogol, heb orfod troi i'r Saesneg, oedd bwriad holl ymgyrchoedd cyntaf y mudiad dros gael sieciau, biliau, a ffurflenni swyddogol Cymraeg, a'r hawl i gofrestru genedigaethau yn Gymraeg. Nid ymgyrchoedd dros statws i'r iaith yn unig mohonynt. Pwysleisiodd John Davies nad buddugoliaeth lwyr ar fater gwysion Cymraeg oedd y peth allweddol, 'eithr codi'r tymheredd ar bwnc y Gymraeg er mwyn meithrin to o bobl a fyddai'n mynnu cael eu gweinyddu yn Gymraeg a mynnu cael eu hamgylchynu â Chymraeg cyhoeddus'.

Wedi hynny, aeddfedodd y Gymdeithas o fod yn fudiad pwnc unigol a ymgyrchai'n unig o blaid statws yr iaith. Yn hytrach, datblygodd gyfres o ymgyrchoedd gwleidyddol yn ymwneud â phob maes a oedd yn effeithio ar y Gymraeg, megis addysg, darlledu, dysgwyr, cynllunio cymdeithasol ac economaidd, tai a thwristiaeth. Datblygodd hefyd ei hathroniaeth wleidyddol ei hun, sef 'Cymdeithasiaeth', egwyddor gymdeithasol ac economaidd uchelgeisiol, wedi ei seilio ar ddatganoli, democratiaeth gyfranogol, cyd-weithrediad, ac ar werthoedd cymdeithasol yn hytrach na rhai masnachol. Yr oedd Cymdeithasiaeth (term a ddefnyddiwyd yn wreiddiol gan R. J. Derfel am 'sosialaeth') i raddau helaeth yn adwaith yn erbyn cyfalafiaeth a thuedd llywodraeth ac awdurdodau cyhoeddus i ganoli. Ond yr oedd hefyd yn sgil-effaith pwyslais y Gymdeithas er diwedd y chwedegau ar bwysigrwydd cymunedau. Hanfod Cymdeithasiaeth, felly, oedd datblygu polisïau a oedd yn adlewyrchu anghenion y gymuned yn hytrach na thrachwant masnach rydd neu hawddfyd gweinyddol. Yn unol â'r weledigaeth honno cynlluniodd y Gymdeithas gyfres o bolisïau gwleidyddol er mwyn ceisio datrys problemau'r Gymraeg a'i hadfer yn briod iaith y genedl. Erbyn heddiw, felly, y mae Cymdeithas yr Iaith wedi ehangu ymgyrch yr iaith ymhell y tu hwnt i'r hyn y galwyd amdano yn *Tynged yr Iaith,* ac wedi gosod y Gymraeg yn gadarn ar yr agenda wleidyddol yng Nghymru.

Yn ogystal ag ymgyrchu'n wleidyddol o blaid yr iaith, ymatebodd y Gymdeithas i alwad Saunders Lewis hefyd drwy fabwysiadu dulliau o anufudd-dod sifil a oedd mor nodweddiadol o oes y brotest. Yn ogystal â galw am ymgyrch wleidyddol o blaid y Gymraeg, Emrys ap Iwan oedd y cyntaf hefyd i alw am fudiad anghyfansoddiadol i ymgyrchu o blaid yr iaith, a hynny mor gynnar â mis Ionawr 1892. Mewn ysgrif yn cynnwys pedair rhan a gyhoeddwyd yn *Y Geninen* rhwng 1890 a 1892, disgrifiodd freuddwyd a gafodd am y flwyddyn 2012 OC. Yn y freuddwyd gwelodd 'Y Cyfammodwyr Cymreig', gwŷr a oedd yn arwyr mawr yn eu cyfnod oherwydd eu bod yn brwydro'n anghyfansoddiadol dros y Gymraeg. 'Cymdeithas o wŷr ifingc' oedd y rhain, 'wedi ymdynghedu i ddileu o'r Dywysogaeth holl olion Seisnigaeth', a hynny drwy wrthod siarad Saesneg wrth fynd o gwmpas eu pethau, gwrthod derbyn unrhyw ohebiaeth drwy gyfrwng y Saesneg, a phrotestio yn erbyn penodiadau di-Gymraeg i swyddi cyhoeddus Cymru. Rhagwelodd hefyd y byddai'r Cyfamodwyr hyn:

> yn tynnu i lawr ac yn dinistrio pob ystyllen âg arni enw Seisnig ar hewl ne dre yng'Hymru; yn dileu pob enw Cymreig a fydde wedi ei gam-lythrennu yn y gorsafoedd; ac yn taro i lawr bob gwesyn trên a weudde *Pen-all* yn lle Pennal, a *Lenverveckn* yn lle Llanfair Fechan.

Er na wireddwyd breuddwyd Emrys ap Iwan yn ystod ei oes ef ei hun, bu sôn cyson am yr angen am weithredu

anghyfansoddiadol am flynyddoedd wedyn. Galwodd Saunders
Lewis am anufudd-dod sifil yn yr ymgyrch i sicrhau gwasanaeth
Cymraeg i Gymru ar gyfrwng newydd y radio ym 1927 drwy
annog gwrandawyr i lansio ymgyrch i wrthod talu trwyddedau
neu hyd yn oed ymgyrch i rwystro darlledu rhaglenni radio.
Gwyddai arweinwyr y mudiad iaith erbyn dechrau'r Ail Ryfel
Byd nad oedd eu dulliau hyd hynny wedi esgor ar lawer iawn o
lwyddiant, ac ym 1938 cyhoeddodd William George, Llywydd
Undeb y Cymdeithasau, mewn cynhadledd flynyddol yng
Nghoed-poeth, 'ei bod yn hwyr bryd sefydlu "Mudiad Ymosodol
o Blaid yr Iaith"'. O ganol y pumdegau ymlaen bu llawer o
aelodau anfoddog Plaid Cymru yn pwyso am fabwysiadu dulliau
anghyfansoddiadol o ymgyrchu, yn enwedig o blaid y Gymraeg.
Yn y *Welsh Nation* ym mis Tachwedd 1960, cyhoeddwyd
llythyr gan John Davies yn mynegi rhwystredigaeth ddifrifol
oherwydd diffyg cynnydd Plaid Cymru a chulni ac
aneffeithiolrwydd ei dulliau o weithredu. Pwysleisiodd fod
angen atgyfodi'r ymgyrch dros statws swyddogol i'r Gymraeg,
gan awgrymu bod angen sefydlu mudiad er mwyn trefnu
ymgyrch anghyfansoddiadol cenedlaethol o blaid yr iaith, i
bwyso ar lywodraeth ganol a lleol, cyrff cyhoeddus a busnesau
preifat: 'Bold and effective action on these lines would be an
immense stimulus to the national movement—we have been
starved of such a stimulus since 1936.'

Nid oedd gweithredu anghyfansoddiadol a dulliau anufudd-
dod sifil, fodd bynnag, yn arfau cyffredin ym mrwydr yr iaith
yng Nghymru cyn 1962. Yn wir, ychydig iawn o enghreifftiau
o ymgyrchu anghyfansoddiadol a gafwyd yn y frwydr
genedlaethol yng Nghymru drwy gydol yr ugeinfed ganrif.
Rhaid cofio, wrth gwrs, am brotest Penyberth ym Medi 1936,
pan losgwyd adeiladau Ysgol Fomio'r Llu Awyr gan Saunders
Lewis, D. J. Williams a Lewis Valentine. Ond heblaw am y
weithred honno, ac ychydig brotestiadau anghyfansoddiadol
eraill, megis protest Plaid Cymru yn Nhrawsfynydd ym 1951
yn erbyn ehangu gwersyll milwrol, gwrthwynebiad
pentrefwyr Llangyndeyrn rhwng 1960 a 1964 i'r cynlluniau i

35 Rali Cymdeithas yr Iaith Gymraeg o blaid Deddf Iaith Newydd, Aberystwyth, Mai 1986.

foddi Cwm Gwendraeth Fach, a gweithredoedd yr unigolion a achosodd ddifrod troseddol i beiriannau gwaith Tryweryn ym 1962 ac eto ym 1963, eithriadol brin fu protestiadau anghyfansoddiadol yn hanes y mudiad cenedlaethol yng Nghymru. Yr oedd nifer yr enghreifftiau o ddefnyddio dulliau anghyfansoddiadol ym mrwydr yr iaith hyd yn oed yn brinnach. Un eithriad nodedig oedd penderfyniad diysgog Trefor ac Eileen Beasley, Llangennech, rhwng 1952 a 1960, i wrthod talu eu trethi i Gyngor Gwledig Llanelli nes iddynt gael eu biliau drwy gyfrwng y Gymraeg. Bu'r safiad hwnnw yn ddiamheuaeth yn ddylanwad mawr ar sylfaenwyr Cymdeithas yr Iaith, yn enwedig gan fod Saunders Lewis, yn *Tynged yr Iaith*, wedi annog cenedlaetholwyr i efelychu eu gweithred anghyfansoddiadol.

Yr oedd arweinwyr ac aelodau'r mudiad yn ymwybodol iawn o werth a photensial dulliau anghyfansoddiadol o weithredu. Mewn traethawd a gyhoeddwyd yn *Y Faner* ym mis Hydref 1962, sef gwaith buddugol mewn cystadleuaeth i ffurfio cynllun pum mlynedd ar gyfer yr iaith Gymraeg, dadleuodd John Davies, un o ysgrifenyddion cyntaf y Gymdeithas, o blaid sefydlu mudiad ymosodol 'gyda threfnydd llawn-amser i arwain ymgyrch dros yr iaith ym mhob rhan o Gymru'. Yn ei dyb ef, yr oedd teulu'r Beasleys 'wedi dangos i ni y modd i weithredu', ac ymhlith y dulliau a argymhellwyd ganddo wrth hybu achos yr iaith yr oedd ymgyrch o wrthod talu trethi a biliau, gwrthod derbyn nac ateb unrhyw ohebiaeth uniaith Saesneg, boicotio siopau, banciau a busnesau lle na ellid derbyn gwasanaeth trwy gyfrwng y Gymraeg, a gwrthod talu trwydded teledu a radio. Mewn bygythiad a wireddwyd ychydig flynyddoedd yn ddiweddarach, dywedodd yr awdur:

> Dylem anelu at Gymreigyddio golwg ein trefi yn y bum mlynedd nesaf. Os na cheir cydweithrediad masnachwyr yn hyn o beth, efallai byddai nifer o aelodau'r mudiad yn barod i fynd â phot o baent i ddileu peth o'r Saesneg holl-bresennol sy'n nodweddu trefi Cymru.

36 Dafydd Iwan yn annerch y protestwyr yn rali Aberystwyth, Mai 1986,
yng nghwmni Toni Schiavone a Dafydd Morgan Lewis.

Yn ail rifyn *Y Crochan*, cylchgrawn myfyrwyr Cymraeg
Coleg Prifysgol Gogledd Cymru, Bangor, ym 1963, honnodd
Owain Owain, cadeirydd cangen Bangor a Rhanbarth Arfon y
Gymdeithas, y gallai 'lleiafrif argyhoeddedig ddod ag
ymwared i'n cenedl yn gynt na mwyafrif glastwraidd . . .
trwy wneud y dull presennol o lywodraethu a gweinyddu
Cymru yn anymarferol'. Pe gellid annog un y cant yn unig o'r
holl siaradwyr Cymraeg yng Nghymru i ddefnyddio dulliau
anghyfansoddiadol, meddai, 'ni allwn ond llwyddo'.

Nid yw'n rhyfedd, felly, fod ail fersiwn cerdyn aelodaeth
cyntaf y Gymdeithas ym 1963 wedi cynnwys y rhybudd: 'Lle
bo dulliau cyfreithlon yn methu, mae'r Gymdeithas yn barod
i ddefnyddio dulliau anghyfreithlon.' Byth er hynny,
rhoddwyd lle anrhydeddus i ymgyrchu anghyfansoddiadol
gan y mudiad. Dioddefodd rhai cannoedd o aelodau a
chefnogwyr lawer o erlid, dirwyon a charchar oherwydd eu
safiad o blaid y Gymraeg yn rhengoedd y Gymdeithas, a
gwireddwyd darogan Saunders Lewis y 'byddai cyfnod o gas
ac erlid a chynnen' yn sgil ffurfio mudiad iaith ar lun ei

ddelfryd ef. Rhwng 1962 a 1992 treuliodd mwy na 1,100 o unigolion dros 1,200 o ddiwrnodau mewn llysoedd barn gerbron eu gwell am droseddau a gyflawnwyd yn ystod ymgyrchoedd y Gymdeithas. Codwyd cyfanswm o £38,854 o ddirwyon a £26,283 o gostau llys ac iawndal ar y troseddwyr hyn, a dedfrydwyd dros 170 o unigolion i gyfanswm o 41 mlynedd a deufis dan glo, rhai am gwta ddiwrnod yng nghelloedd yr heddlu ac eraill am ddwy flynedd hirfaith mewn carchar. Yn ôl un amcangyfrif a wnaed ym 1983, bu dros ddwy fil o aelodau'r Gymdeithas dan glo yng ngharchar neu swyddfeydd yr heddlu am ryw hyd. Yr amlycaf ymhlith carcharorion y Gymdeithas oedd Ffred Ffransis, y 'champion gaol-bird', yn ôl un newyddiadurwr. Treuliodd gyfanswm o dair blynedd mewn carchar yn ystod y saithdegau, ar saith achlysur gwahanol ac mewn wyth carchar gwahanol.

Diau mai Cymdeithas yr Iaith Gymraeg yw'r mudiad iaith pwysicaf a welwyd erioed yng Nghymru. Yn ystod y pymtheng mlynedd ar hugain diwethaf y mae wedi gorfodi llywodraeth ganol a lleol i gydnabod eu dyletswydd at y Gymraeg, a chaniatáu iddi bob math o gonsesiynau ym meysydd statws cyhoeddus, statws cynllunio, addysg, a darlledu. Y mae hefyd wedi gorfodi pobl Cymru i ystyried tynged y Gymraeg, ac wedi creu hinsawdd ffafriol lle gall y Gymraeg ffynnu. Ffurfiwyd y mudiad hwn ar ddechrau'r chwedegau yn ymateb i her angerddol Saunders Lewis yn *Tynged yr Iaith* fod angen ymgyrch ddigyfaddawd a mentrus o blaid y Gymraeg. Fe'i ffurfiwyd hefyd o ganlyniad i'r her a gafwyd gan y 'Chwyldro Ieuenctid' ac 'Oes y Brotest', dwy ffenomen a ysgubodd ar draws y byd ar ddechrau'r chwedegau, gan gynnau tân gwrthryfel ym mynwes pawb a oedd yn mynnu cyfiawnder a rhyddid. Yn wyneb y rhwystredigaeth a'r dadrithiad gwleidyddol, ynghyd â'r bygythiad enbyd i'r Gymraeg, yr oedd y ffrwydriad protestgar yng Nghymru i raddau helaeth yn anorfod. A Chymdeithas yr Iaith Gymraeg a oedd yn arwain y gad.

DARLLEN PELLACH

Terry H. Anderson, *The Movement and the Sixties: Protest in America from Greensboro to Wounded Knee* (Oxford, 1995).

Robert Benewick a Trevor Smith, goln., *Direct Action and Democratic Politics* (London, 1972).

Norman F. Cantor, *The Age of Protest* (London, 1970).

Cymdeithas yr Iaith Gymraeg, *Maniffesto* (Aberystwyth, 1972).

Aled Eirug, gol., *Tân a Daniwyd: Cymdeithas yr Iaith 1963–1976* (Abertawe, 1976).

Saunders Lewis, *Tynged yr Iaith* (Caerdydd, 1962).

Marion Löffler, *'Iaith Nas Arferir, Iaith i Farw Yw': Ymgyrchu dros yr Iaith Gymraeg rhwng y Ddau Ryfel Byd* (Aberystwyth, 1995).

Meic Stephens, gol., *The Welsh Language Today* (argraffiad newydd, Llandysul, 1979).

Ned Thomas, *The Welsh Extremist: Modern Welsh Politics, Literature and Society* (argraffiad newydd, Tal-y-bont, 1991).

Gwilym Tudur, *Wyt Ti'n Cofio? Chwarter Canrif o Frwydr yr Iaith* (Tal-y-bont, 1989).